KB067639

나는 왜 나를 피곤하게 하는가

나는 왜 나를 피곤하게 하는가

초판 1쇄 발행_ 2000년 12월 8일
초판 7쇄 발행_ 2013년 5월 30일
개정판 1쇄 발행_ 2020년 7월 24일
개정판 3쇄 발행_ 2022년 9월 20일

지은이_ 권준수
펴낸이_ 이성수
주간_ 김미성
편집장_ 황영선
편집_ 이경은, 이홍우, 이효주
마케팅_ 김현관
제작_ 김주범
디자인_ 진혜리

펴낸곳_ 올림
주소_ 07983 서울시 양천구 목동서로 77 현대월드타워 1719호
등록_ 2000년 3월 30일 제300-2000-192호(구:제20-183호)
전화_ 02-720-3131 | 팩스_ 02-6499-0898
이메일_ pom4u@naver.com
홈페이지_ http://cafe.naver.com/ollimbooks

ISBN 979-11-6262-038-0 03180

이 도서의 국립중앙도서관 출판예정도서목록(CIP)은 서지정보유통지원시스템 홈페이지
(http://seoji.nl.go.kr)와 국가자료종합목록 구축시스템(http://kolis-net.nl.go.kr)
에서 이용하실 수 있습니다. (CIP제어번호 : CIP2020)

나를 괴롭히는 '뇌의 딸꾹질'
강박증상의 모든 것

나는 왜 나를
피곤하게 하는가

권준수

서울대병원 정신건강의학과 교수

을유

강박 증상, 병인가 성격인가

코로나19 바이러스가 기승을 부리던 2020년 2월 마지막 날 오후, 필자가 근무하는 서울대병원 감염관리실에서 연락이 왔다. 며칠 전 외래에서 진료했던 환자가 확진자로 밝혀져서 당시 이 환자와 접촉했던 사람은 모두 검사를 받아야 한다는 것이었다.

나는 급히 선별진료소로 가서 검사를 받고 귀가하여 결과가 나올 때까지 '자가 격리'되었다. 회사원인 둘째는 근무 중에 이런 내막을 회사에 알렸고, 같은 층에서 근무하던 회사 사람들과 함께 귀가 조처되었다고 한다.

사실 나는 크게 걱정하지는 않았다. 진료 당시 나는 물론이고 환자분도 마스크를 썼던 터라, 아무리 감염력이 높다는 코로나19 바이러스라고 해도 감염 가능성은 거의 없었기 때문이다. 귀가 후 나는 방안에서 마스크를 쓴 채로 결과가 나올 때까지 가족들과 격리된 상태로 지냈고, 가족들 역시 집에서 마스크를 쓰고 생활했다. 그날 저녁 늦게 나온 결과는 당연히 음성이었다.

만약 양성으로 나왔다면 어떻게 되었을까? 나는 그날 외래진료 후 개방 병동과 보호 병동에 입원한 환자들을 회진했다. 아마도 정신과 병동은 물론이고 서울대병원도 일부 지역이 폐쇄되었을 것이며, 나는 신상이 다 털려서 온라인에서 일약 유명인(?)이 되었을 것이다.

요사이 거의 모든 사람이 마스크를 끼고 다닌다. 또한, 밖에 나갔다 왔을 때는 세정제로 손을 30초 이상, 흐르는 물에 씻어야 한다. 그만큼 코로나19 바이러스의 전염력이 강력하다는 이야기다.

엘리베이터에서 버튼을 누르기가 찝찝하다. 그래서 요즘엔 대부분 엘리베이터에 항균 필름을 붙여 두고 있다. 공중화장실 문의 손잡이를 만지기도 겁이 난다. 여러 사람이 사용하는 물건들은 아예 만지지도 않는다. 심지어 어떤 사람은 코로나19 바이러스에 감염된 사람을 보기만 해도 바이러스에 감염될까 봐 불안에 시달린다.

병원을 찾는 환자들도 모두 마스크를 착용하는 것은 물론이고, 어떤 분들은 비닐장갑이나 면장갑까지 끼고 온다. 드물기는 하지만 마치 우주복을 연상케 하는 모습으로 몸 전체를 비닐 옷으로 둘둘 감고, 소방관들이 사용하는 마스크를 쓰고, 마치 화생방전에 임하는 모습으로 나타나기도 한다.

강박 증상 중 가장 흔한 증상 중의 하나가 더러운 것에 대한 공포 때문에 병에 걸려 죽지 않을까 하는 심한 불안감이다. 이 때문에 밖에 나갔다 오면 비누로 30분 이상 손을 씻기도 하고, 어떤 사람들은 몇 시간씩 샤워해서 균을 씻어 내야만 안심한다. 외출 후에는 집에 들어오자마자 현관에서 옷을 모두 벗고 갈아입는다. 외부인의 방문을 극도로 꺼리고, 어쩔 수 없이 외부인이 다녀가면 그가 머문 자리를 모두 소독하고, 심지어 카펫까지 세탁해야 불안감이 줄어든다. 진료실에 들어올 때도 손잡이를 만지지 못하고 누가 문을 열어 주어야 들어올 수 있다.

영국의 한 여대생은 강박 증상 때문에 너무 오랫동안 씻어서 피부에 문제가 생기고, 이로 인한 감염증으로 사망하기도 했다. 이 사건으로 그 학생의 부모가 기소되었다. 딸을 방치하고 치료받도록 하지 않았다는 죄목이었다.

그렇다면 지금 같은 상황에서 우리가 코로나19 바이러스 감염을 막기 위해 하는 행동들도 강박 증상일까? 아무도 이를 두고 강박 증상이라고 하지 않을 것이다. 만약 평소에 이런 행동을 한다면, 예를 들어 엘리베이터에 타고도 버튼을 손으로 누르지 않는다든지 혹은 공기 중의 세균에 감염될까 봐 외출할 때마다 마스크를 쓰고 나간다든지 하면 영락없이 강박 증상으로 판정받을 것이 분명하다. 평소에는 우리 몸의 면역력 덕택에 웬만해서는 균에 감염되어 병으로 발전하지 않는다. 국내에서 실시된 한 설문 조사를 보면, 화장실에서 대소변을 보고 나서 손을 안 씻고 나오는 사람이 40%에 육박한다!

그렇다면 같은 행동이라 하더라도 상황에 따라 병으로 판정받을 수도 있고, 정상 행동으로 여겨질 수도 있다는 말인가?

정신질환인지 아닌지를 판단하려면 행동이나 생각, 감정만을 따로 떼어놓고 보아선 안 된다. 그 사람을 둘러싸고 있는 환경과의 관계, 즉 행동이나 감정, 생각 등을 맥락 속에서 파악해야 한다. 겉으로 볼 때 기분이 아주 좋아 들떠 있는 사람의 경우, 회사에서 승진해 그렇다면 지극히 정상이라 하겠지만 조금 전 아버지가 사망한 상황에서 웃고 있는 것이라면 결코 일반적인 행동으로 보기 어렵지 않겠는가. 이렇듯 정신 현상, 행동, 마음 등을 판단할 때는 주위 상황, 환경, 맥락을 모두 고려하여 판단해야 한다. 현재 코로나19 바이러스처럼 감염자가 많이 발생하고 감염력이 높은 바이러스를 피하기 위해서는 마스크도 쓰고 외출 후 손도 꼭 흐르는 물에 충분히 씻는 것이 정상적인 행동이다. 평소에는 그렇게 하지 않는 사람들이라 하더라도.

필자는 20여 년 전 서울대학교병원 강박증 클리닉을 국내에서 처음으로 개설하면서 강박증을 전문적으로 치료하기 위한 시스템을 만들고 운영하고 있다. 단순히 약물만으로는 치료에 한계가 있으므로 인지행동치료를 체계적으로 할 수 있는 시스템을 만들고, 반응이 없는 환자들에게는 신경외과와 협력하여 수술적 치료를 적용하기도 하는 등 끊임없이 치료를 위해 노력해 왔다. 하지만 가장 중요한 것은 환자 자신이 질병에 대해 정확히 이해하는 것이다. 수동적으로 약물만 복용하거나, 의지도 없이 행동치료 프로그램에만 참여하고 지속적으로 노력하지 않는다면 큰 효과가 없을 것이다.

필자는 강박증에 대한 인식이 거의 없었던 2000년에 일반인을 위해 『나는 왜 나를 피곤하게 하는가』라는 제목의 책자를 발간하였고, 많은 독자의 선택을 받았다. 개정판을 준비할 즈음에 코로나19 사태를 겪으면서 과연 강박증이라는 질병이 어떤 병인가에 대해 깊은 고민을 하게 되었다. 그동안 과도한 씻기 등으로 강박 증상이라고 판단되었던 것이 요즘엔 당연히 해야 하는 행동으로 여겨진다. 소위 '뉴노멀'이 된 것이다. 비정상이라고 판단되었던 행동이 새로운 표준이 되고 사회에서 받아들일 수 있는 행위가 된 것이다. 그럼 이제 그동안 강박증이라고 불리던 질병은 과연 병인가? 또는 성격인가? 아니면 정상적인 행동의 극단적 행위인가? 이런 고민을 거쳐 개정판을 내게 되었다. 20년의 세월이 지나면서 현재의 상황과 맞지 않게 된 부분은 정리했고, 독자들에게 도움이 될 만한 새로운 연구 결과는 추가했다.

아무쪼록 독자들은 이 책을 통해 자신이나 주변에서 나타나는 강박 증상에 대해 한번 생각하는 시간을 가져 보면 좋겠다.

2020년 7월

권준수

나는 왜 나를 피곤하게 하는가

"강박증? 그거 내 얘기 아냐?"

몇 달 전, 오랜만에 만난 친구에게 요즘 강박증에 관한 글을 쓰고 있다고 했더니 대뜸 이런 대답이 튀어나왔다. 재미있는 것은, 이 친구뿐만 아니라 내 주위의 많은 사람이 이와 비슷한 반응을 보였다는 사실이다. 왜 그랬을까?

강박증은 많은 사람이 그로 인해 고통을 받는 데 반해 일반의 인식은 매우 부족한 질환이다. 그런데 왜 많은 사람이 강박증에 대해 '그거 내 얘기 아냐?' 하는 반응을 보일까? 아마도 그들은 질환으로서의 강박증이 아니라 보통 사람이면 누구나 가지고 있는 가벼운 강박 증세에 관해 이야기했을 것이다.

사람은 '누구나, 어느 정도는, 무언가에 대한' 강박 관념을 가지고 있다. 험한 현대 사회를 헤치고 살아가려면 가벼운 정도의 강박 증세는 의욕의 증거가 되기도 하고 또 현대인에게 어느 정도는 필요한 요소라고도 할 수 있다. 그 정도가 심하여 일상생활에 지장을 줄 정도라면 문제가 되겠지만, 자신을 점검하고 확인하는 일은 나태해지지 않겠다는 의지의 증거가 되기도 한다.

현대인은 피곤하다. 우리는 갖가지 문명의 이기 덕택에 육체적으로는 과거 그 어느 때보다 더 편안하게 살고 있다. 그러나 '정신을 못 차릴 정도로' 급변하는 현대 사회에서 살아남기 위해 늘 무언가에 쫓기고 긴장해야 하는 우리 현대인들은 정신적으로는 오히려 과거 그 어느 때보다도 더 초조하고 불안하며 피곤한 삶을 꾸려 나가고 있다. 더욱이 국토에 비해 인구가 많아 경쟁이 치열하고, 세계 어느 나라보다도 변화의 속도가 빠른 이 땅에서 살아가는 '현대 한국인'들은 과도한 정신적 중압감에 시달리고 있다. 이러한 각박한 현실이 우리 모두를 강박적인 성격의 소유자로 만들고 있다.

그러나 조금 더 깊이 생각해 보면 '나'를 피곤하게 하는 것은 이러한 환경보다도 오히려 '나 자신'인 경우가 많다. '내가 나를 피곤하게 하는 것' 그것이 바로 강박증이다. 강박증을 이렇게 정의한다면 과연 강박증으로부터 자유로울 수 있는 사람이 있을까?

정신질환으로서의 강박증은 인류의 역사와 더불어 존재해 왔지만

1980년대 후반에 들어와서야 비로소 그 실체가 제대로 알려지기 시작했다. 필자는 미국 하버드 대학에서 2년간의 연수를 마치고 1998년 귀국해 서울대학교병원 강박증 클리닉을 운영하면서 우리 사회에 강박증에 대한 인식이 너무나 부족하다는 사실을 깨닫게 되었고, 환자와 치료자 모두를 위해 강박증에 관한 책을 내야겠다고 마음먹었다.

그런데 '그거 내 얘기 아냐?' 하는 주위의 반응을 자주 접하게 되면서 필자의 본업이자 전문 분야인 질환으로서의 강박증의 치료는 물론 '누구나, 어느 정도는' 가지고 있는 일반인들의 강박 증세에 관해서도 관심을 가져야겠다는 생각을 하게 되었다. 그리하여 틈나는 대로 필자 자신을 포함하여, 필자의 '동포'이자 동시대인인 '현대 한국인'의 정신세계를 강박증이라는 프리즘을 통해 들여다보기 시작했다. 이 책은 바로 이러한 노력의 산물이다.

이 책의 1부에서는 현대 한국인 모두에게 낯설지 않은, 우리 주변의 강박 증세를 다루었다. 필자는 감히 우리 사회를 '제정신으로 살기 힘든 사회'라고 지칭하며 '한국인은 모두 강박증 환자'라고 주장한다. '정신 건강'이라는 측면에서 볼 때 매우 열악한 환경 속에서 살고 있는 우리는 알게 모르게 여러 강박 증세에 시달리고 있기 때문이다.

이러한 관점에서 한국인의 대표적 강박 증상이라고 할 수 있는 조급증을 비롯하여 열등감의 또 다른 얼굴인 일류병, 남의 뒷다리 잡는 평등 강박증, 사람 기죽이는 영어 강박증 등 우리 사회에 만연한 강박적 심리를 살펴보았다. 아울러 생명을 위협하는 다이어트 강박증, 성형 수술을 해도 만족하지 못하는 신체이형증, 그 밖에 인터넷 중독증, 쇼핑 중독증, 섹스 중독증, 건강 염려증, 도박 중독증 등 일상생활에서 나타나는 강박 증세의 원인과 처방도 밝혔다.

아울러 2부와 3부에서는 인간에게 장애를 가져오는 10번째 질환이며 우울증, 약물 중독, 공포증에 이어 오늘날 4번째로 흔한 정신질환이지만 의외로 잘 알려져 있지 않은 '뇌의 딸꾹질' 강박증이란 도대체 어떤 질환인지를 살펴보고, 정신·약물·인지행동치료 등 강박증의 최신 치료법을 소개했다. 서울대학교병원 강박증 클리닉의 풍부한 치료 사례가 큰 도움이 되리라 믿는다.

필자는 강박증 클리닉에 찾아오는 많은 사람을 보면서, 병을 극복하는 가장 중요한 요소는 그 병에 대한 정확한 지식과 병을 극복하고자 하는 의지라는 생각을 갖게 되었다. 그러나 안타깝게도 많은 사람이 강박증을 성격적인 문제로 치부하거나 병에 대한 이해가 부족한 탓에 하루하루를 고통 속에 살아가고 있다.

강박증은 만성적인 병이며 치료기간이 길기 때문에 끈기를 가지고 치료해야만 호전을 기대할 수 있다. 완전히 좋아졌다고 생각되었는데도 재발하는 경우가 흔하다. 다른 만성병들이 모두 그렇듯이 환자와 가족들의 질환에 대한 정확한 이해가 치료에 가장 중요한 요소가 된다.

우리나라에서 처음 개설된 강박증 클리닉이 성공적으로 운영되기까지 도움을 주신 신민섭 교수, 이동우 선생, 윤화영 선생, 정승희 선생께 감사드린다.

바쁘다는 핑계로 휴일에도 같이 놀아 주지 못하는 현지와 민지, 그리고 변함없이 애정과 지원을 보내 주는 아내에게도 고마움을 전한다.

그리고 무엇보다도 나의 도움을 받고자 클리닉을 방문해 준 모든 분들에게 이 책을 바친다.

아무쪼록 이 책을 통해 강박증으로 고통을 겪고 있는 많은 사람과 그들의 가족이 희망과 용기를 얻을 수 있길 바라는 마음 간절하다. 아울러 한국인은 모두 강박증 환자이며 '제정신으로 살기 힘든 사회'라는 필자의 주장은 가까운 미래에 '과거의 이야기'가 될 수 있기를 기원한다.

2000년 12월
권준수

차례

1부 나는 왜 나를 피곤하게 하는가

1장 나는 왜 나를 피곤하게 하는가
일상에서 마주하는 강박 증세들

2장 강박증에 취약한 사람들
강박증에 걸리기 쉬운 성격과 치료가 어려운 4가지 성격장애

3장 이럴 때는 어떻게 해야 하나요?
서울대학교병원 강박증 클리닉 홈페이지 게시판에 올라온 사례들

3부 나는 피곤하게 살고 싶지 않다

1장 강박증 치료는 어떻게 해야 하나?
치료 방법 및 시기와 주의점

2장 강박증, 아는 게 약이다
강박증에 대한 오해와 편견

부록 내 증세는 과연 강박증일까, 아닐까?
강박 증상 체크리스트

1

나는 왜 나를 피곤하게 하는가

1장

나는 왜 나를 피곤하게 하는가

일상에서 마주하는 강박 증세들

못생긴 건 용서해도 뚱뚱한 건 용서 못해

생명을 위협하는 다이어트 강박증

20대의 회사원 A양은 늘 우울하다. 이유는 간단하다. 자신의 몸매가 만족스럽지 않기 때문이다. A양은 162cm의 키에 몸무게 52kg으로 남들은 표준적인 몸매라고 하지만 자신은 결코 만족하지 못한다. 여기저기에 군살이 붙어 있고 아직도 빼야 할 '비곗덩어리'가 4kg 정도나 더 있다고 생각한다. 4kg이면 고기 근수로 따져 6근이 넘는다는 사실을 생각하면 늘 불만스럽고 우울하다. 통통한 몸매 때문에 남자들이 매력을 느끼지 못한다고 단정하고 소개나 미팅은 기피한다.

A양은 새로운 다이어트 방법에 매우 민감하다. 여성 잡지에 새로운 다이어트 방법이 소개되었다 하면 빠지지 않고 스스로 '생체 실험'을 해본다. 그때마다 '이번에는 꼭 성공하겠지' 하는 벅찬 희망에 부풀곤 한다. 포도

나는 왜 나를 피곤하게 하는가

다이어트, 향기 다이어트, 식초콩 다이어트, 고기 다이어트, 커피 다이어트 등 다이어트란 다이어트는 안 해본 것이 없다. 침도 맞아 보고 단식원에도 들어가 보았다. 하지만 어느 것 하나 성공한 적이 없다.

다이어트를 하는 도중 문득 '이러다 내 몸이 망가질지도 모른다'라는 생각이 들면 다시 음식을 먹는다. 그러다 다시 불안한 마음이 들어 '그래도 기왕 시작한 다이어트인데….' 하는 생각에 굶기를 반복한다. 이렇듯 굶기와 폭식을 반복하다 결국 거식증에 걸려, 먹기만 하면 토해 버리고 탈수증상까지 생겨 입원하게 되었다.

A양의 다이어트에 대한 강박적인 집착 때문에 가족들도 많은 불편을 겪어야 했다. 잡지에 새로운 다이어트법이 소개될 때마다 적지 않은 비용을 대주어야 했고, 집 안에 있는 거울도 뚱뚱하게 보인다는 이유로 몇 번씩 바꿔야만 했다. 심지어 어머니가 자신이 좋아하는 음식을 만들면 '엄마는 딸이 뚱뚱해져서 시집도 못 가면 좋겠느냐'며 비난하는 통에 어머니는 음식을 만드는 데도 여간 신경이 쓰이는 게 아니었다. A양이 좋아하는 음식은 피해야 하며, A양의 신경이 날카로워질까 봐 음식 냄새가 나지 않도록 조심해야 할 정도였다.

하지만 아무리 노력해도 A양의 몸매는 변화가 없었다. A양은 편하고 헐렁한 옷을 입고 있으면 살이 찌기 쉽다며 집에서도 거들을 입고 몸에 꼭 끼는 바지를 입고 있어 늘 속이 더부룩하고 편치 않았다. 이제 점점 기력이 떨어지고 얼굴도 누렇게 떠서 20대의 활기찬 모습은 찾아보기가 어려운 지경이 되었다.

21세기형 신흥 종교 '다이어트교(敎)'

다이어트가 온 나라를 휩쓸고 있다.

기계 문명의 발달과 더불어 현대인들의 운동량은 점점 줄어들고 있다. 설상가상으로 기름기 많은 음식과 인스턴트 식품을 많이 먹게 되니 체중은 늘고 몸매는 망가질 수밖에 없다.

그래서인지 젊은이들은 몸매를 위해, 나이 든 사람들은 건강을 위해 너도나도 다이어트에 열중이다. 그러나 위에서 예로 든 A양의 경우에서 보듯이 일부 젊은 여성들의 다이어트에 대한 강박적인 집착은 의사의 입장에서 보면 위험하기 짝이 없다.

일제 반창고를 붙이기만 하면 살이 빠진다는 반창고 다이어트, 불기만 하면 살이 빠진다고 해서 동네 슈퍼의 풍선을 동나게 했던 풍선 다이어트, 밥 대신 강냉이만 먹는 강냉이 다이어트, 분유 다이어트, 감자 다이어트, 두부 다이어트 등 자고 나면 새로운 다이어트 식품이나 다이어트 방법이 한 가지씩 소개된다.

마치 전 국민이 '다이어트교(敎)'라는 신흥 종교의 신자라 할 정도로 많은 사람이 다이어트를 신봉하고 있다. 신봉할 뿐만 아니라 일반적인 종교인들보다 훨씬 더 자주 자신의 종교에 관해 이야기하며, 그 가르침을 열심히 실천에 옮긴다는 점에서 다이어트교 신자들은 그 믿음이 매우 독실하다고 할 수 있을 것이다. 우리나라에서 다이어트 바람이 본격적으로 불기 시작한 것이 10년 정도밖에 안 됐다는 사실을 고려하면 그 전파 속도 또한 매우 놀랍다. 굳이 종교와 다른 점을 찾는 다면 유행에 따라 다이어트 방법, 즉 교리가 수시로 변하는 것이라고 나 할까?

모든 종교에는 다이어트가 있다

옛날에도 다이어트라는 것이 있었을까? 동서양을 막론하고 옛날에는 일부 계층을 제외하고는 식량이 부족했으므로 일부러 식사량을 줄이는 일은 드물었을 것이다. 우리나라도 마찬가지다. 노년층 가운데 특히 농촌에서 어린 시절을 보낸 사람들은 아마도 보릿고개라는 이름의 배고팠던 시절을 기억하리라. 그 시절에 무슨 다이어트가 있었겠는가.

도대체 다이어트라는 것은 왜 생겼을까.

많은 종교에서 나름대로 신자들에게 다이어트를 가르친다. 불교, 특히 대승불교 신자들은 모든 육류를, 힌두교도들은 쇠고기를, 이슬람교도들은 돼지고기를 먹지 않는다. 성경에는 구체적으로 이러저러한 음식을 먹지 말라는 이야기가 나오며 기독교 신자들은 특정 기간에 금식을 하기도 한다.

몇몇 학자들은 특정 종교에서 특정 음식을 금지한 것은 '현실적인' 이유 때문이라고 주장하기도 한다. 냉장고가 없던 시절, 여름에 상한 돼지고기를 먹고 탈이 나 본 우리 조상들이 '여름에 돼지고기는 잘 먹어야 본전'이라며 여름에는 돼지고기를 못 먹게 했던 것처럼 지극히 현실적인 이유에서 특정한 음식을 먹지 말라고 가르쳤다는 것이다. 또 어떤 음식은 성욕을 강화하기 때문에 금지했다는 이야기도 있다. 서양에서는 중세 때 수도사들이 세상의 유혹에 시달릴 때 그것을 뿌리치기 위해 음식 섭취를 줄였다고 한다. 말하자면 그들은 몸매나 건강을 위해서가 아니라 '영혼'을 위해 다이어트를 한 것이다.

그러나 이러한 종교적인 금기 음식 또는 금식에서 오늘날의 다이어트가 유래했다고 보기는 어렵다. 오늘날의 다이어트는 그 지향하는 바가 다르기 때문이다.

대중을 세뇌하는 매스컴,
살 빼 주고 떼돈 버는 다이어트 산업

우리나라에서 다이어트교가 지금과 같이 빠른 속도로 성장하게 된 것은 무엇 때문일까. 다이어트교의 가장 열렬한 신봉자가 젊은 여성들이라는 점을 상기해 보면, 아마도 매스컴의 영향이 가장 크지 않을까 싶다.

언제부터인가 우리 여성들의 평균적인 용모와는 판이한 늘씬한 팔등신에 이목구비가 뚜렷한 서구인의 체형과 용모가 우리의 미의 기준이 되어 많은 여성이 스트레스를 받고 있다.

텔레비전, 영화, 잡지 등 서구의 대중 매체가 우리의 안방에 쏟아져

들어오면서 아름다움에 대한 우리 사회의 인식은 이미 상당히 왜곡되었다. 이른바 '세계화' 때문에 우리 여성들의 몸이 더 큰 고통을 겪고 있다고나 할까?

매스컴의 역할은 아름다움에 대한 인식을 왜곡시키는 데서 그치지 않는다. 모델 아무개는 무슨 무슨 다이어트를 한다더라, 탤런트 누구는 무슨 무슨 다이어트로 한 달 만에 몇 kg을 뺐다더라 하는 소문이 매스컴에 소개되면 그 즉시 전국 방방곡곡의 젊은 여성들이 너나없이 그 다이어트를 실천한다 해도 과언이 아니다.

'공짜라면 양잿물도 마신다'라는 말이 있다. 요즘은 '다이어트라면 양잿물도 마신다'라고 해야 할까? 젊은 여성들은 그 다이어트가 자신의 건강에 어떤 영향을 미칠 것인지 따져 보지도 않고 무작정 따라 한다.

모 재벌 그룹의 회장이 고기만 먹는 다이어트를 한다는 소문이 퍼지자 다이어트와는 비교적 거리가 멀던 중년 남성들 사이에서도 한때 다이어트가 유행했다. 이를 보면 다이어트는 정말 '아무도 못 말리는' 유행인 듯싶다.

매스컴의 세뇌 공작 못지않게 다이어트교의 교세 확장에 크게 이바지한 것이 바로 다이어트 산업이다. 날씬해지고자 하는 여성들의 강박적인 심리를 약삭빠른 기업들이 눈치채지 못할 리 있겠는가. 여성들의 약점(?)을 잽싸게 간파한 다이어트 업체들은 끊임없는 광고를 통해 그러한 심리를 더욱 자극하고 확대 재생산한다.

다이어트 산업은 꾸준히 성장하는 추세다. 이미 그 엄청난 제품 구매력에 놀란 대기업들까지 군침을 흘리며 뛰어들어 '무슨 제약 회사의 다이어트법', '무슨 식품 회사의 다이어트법'을 내놓고 대대적인 광고를 하고 있는 실정이다.

다이어트를 안 하면 불안해진다

젊은 여성이라면 한 번쯤 안 해본 사람이 없을 만큼 다이어트는 넓은 범위의 사회적 강박관념이 되어 가고 있다. 그래서 다이어트를 '나만 안 하면' 왠지 자신의 모습을 돌볼 줄 모르고 생각 없이 대충 사는 무딘 여자로 보이지 않을까 하는 생각에 다른 사람의 눈을 의식하게 된다는 여성이 의외로 많다.

식사량을 줄이거나 특별한 다이어트 식품을 먹는 것으로는 성이 차지 않아 침이나 전기침으로 지방 세포를 괴롭히기도 한다. 이것도 효과를 보지 못하면 일정 부위에 몇백만 원이 들어가는 지방 흡입 수술까지 불사하는 여성도 있다.

보통 사람은 소매가 끼여 입기도 불편한 사이즈의 옷만을 만들어 날씬한 여성만이 입을 수 있도록 하는 마케팅 전략을 구사하는 여성복 업체들도 있다. 그 브랜드의 옷을 입은 날씬한 여성들은 어깨를 펴고 거리를 활보하고, 그 옷을 '살 형편'은 되지만 '입을 형편'이 못 돼서 기가 죽는 여성들은 그 옷을 입기 위해 다이어트를 하게 만들었으니,

나는 왜 나를 피곤하게 하는가

마케팅 전략으로서는 일단 성공한 셈이다. 그 옷 때문에 많은 여성이 스트레스를 받기는 하겠지만….

유행은 돌고 도는 것. 중세 유럽의 미술품에 등장하는 미인들은 오늘날 기준으로는 뚱뚱하다 할 만한 몸매를 가진 여인들이다. 미의 화신인 비너스, 고혹적인 미소의 모나리자, 관능적인 눈길의 마야부인 등이 모두 풍만하면서 부드러운 곡선을 지닌 미인들이었다는 사실을 기억하자. 압구정동에 넘쳐 나는 뼈만 앙상한 미인들과는 한참 거리가 있다. 한때는 여성들이 마른 체격을 부풀리려고 드레스를 입을 때 엉덩이 부분에 패드를 집어넣기도 했다.

아름다움의 절대적인 기준은 없다. 시대와 개인에 따라 상대적이다. 자신의 개성을 살리고 외모 외의 다른 가치를 찾아 나간다면 결국 그 여성은 여성으로서가 아니라 인간으로서 인정받게 될 것이다.

죽느냐 사느냐, 그것이 문제다

다이어트에는 부정적인 면만 있는 것은 아니다. 건강을 위해서 또는 자신의 몸을 아름답게 만들기 위해서 다이어트를 하는 것은 얼마든지 장려할 만한 일이다. 다이어트란 자기 자신을 되는대로 '방치'하는 것이 아니라 꾸준히 절제하고 노력해야 성과를 거둘 수 있기 때문이다.

비만한 사람에게 다이어트는 건강을 위해 필수적이다. 적절한 다이어트를 통해 적정 체중을 유지하게 되면 고혈압, 당뇨 등 여러 성인병에 걸릴 확률이 줄어든다.

문제는 극단적인 다이어트다. 요즘 젊은이들은 잘 모르겠지만 '카펜터스'라는 미국의 남매 듀엣이 있었다. 1970년대에 우리나라에서도 꽤 인기를 끌던 대중 가수였는데 1980년대 초에 동생인 캐런이 지나치게 다이어트에 몰두하다 거식증에 걸려 죽었다는 소식을 듣고 깜짝 놀랐던 기억이 있다.

캐런과는 반대로 다이어트나 몸매 관리에 전혀 신경을 쓰지 않는 한 중년 여성에게서 들은 이야기다. 그녀의 남편은 항상 이렇게 이야기한다고 했다.

"난 당신이 살쪄도 좋아. 내가 사랑하는 사람이 이 세상에서 차지하는 면적이 그만큼 넓어지는 거잖아."

캐런에게 이런 애인이 있었다면 그런 비극적인 최후를 맞이하지는 않았을 텐데 하는 생각이 든다.

캐런의 경우는 물론 극단적인 경우지만 지나친 다이어트로 건강을 해치는 경우는 비일비재하다. 다이어트가 지나치면 부정맥, 골밀도 저하 등 여러 부작용이 나타날 수 있다.

더욱이 최근 우리나라에서 유행하는 다이어트들은 의사의 입장에서 보면 무척이나 염려스럽다. 한창 활동할 나이의 젊은 여성들이 사과면 사과, 포도면 포도 등 한 가지 음식만 섭취한다는 것은 위험스럽기 짝이 없다. 3대 영양소와 비타민 등을 골고루 섭취해야 한다는 기본적인 상식이 완전히 무시된 극단적인 다이어트가 어떤 결과를 불러올지, 정말 걱정이 된다.

내 코는 왜 이렇게 못생겼지?

성형 수술을 아무리 해도 만족하지 못하는 신체이형증

여자들이란 참 독한 면이 있는 것 같아요. 예뻐진다면 뭐든 다 하잖아요? 몸에 칼 대는 것도 두려워하지 않는 것 같아요. 요즘 젊은 여자치고 얼굴이나 몸에 칼 한 번쯤 안 댄 사람이 있을까요? 제가 생각해도 잘하는 짓은 아니지만 다 그러잖아요. 사회가 그렇게 만드는 걸 어떻게 하겠어요. '머리 나쁜 건 용서할 수 있어도 못생긴 건 용서할 수 없다' 뭐 이런 식으로 매사가 외모로 평가받는 사회에서는 예쁜 게 최고죠. 예쁜 여자들은 이런 걸 즐길 테고요.

얼굴만 예쁘면 공부를 못해도, 성격이 나빠도 무슨 상관있겠어요. 예쁜 여자 좋아하는 돈 많은 남자랑 결혼해서 부잣집 사모님이 될 수도 있잖아요.

그런데 누가 외모는 중요한 게 아니라고 하죠? 물론 저도 외모는 중요한 게 아니라고 생각하고, 학교에서 그렇게 배우기도 했지만 아무리 생각해도 우리 사회는 그게 아닌 것 같아요. 제 코가 좀 크다는 거 선생님도 아시죠? 어려서부터 여자는 코가 크면 안 된다는 소리를 많이 들으며 자랐는데 저는 거울을 보면서 자꾸 제 코가 자라는 것 같아 걱정돼요.

하지만 코가 좀 크면 어때요. 그래서 오기 같은 게 발동해서 '코가 커지면 뭐 얼마나 커지겠어? 그리고 또 커지면 어때? 외모가 그렇게 중요한가?' 하며 하루 종일 절 안심시키려고 코를 만지죠. '커져도 돼, 커져도 돼' 하면서 말이에요. 그랬더니 코가 빨갛게 부어올랐어요. 아프기도 하고요.

'외모 때문에 아무것도 못하는 폐인이 돼 가다니…' 이렇게 생각은 하지만 저도 여자라 코가 커지는 것이 싫은가 봐요. 어떤 때는 외모에 대해 이렇게 집착하는 저 자신이 무서울 때가 있어요. 이 병원이 제 마지막 희망이에요. 할 수 있는 한 모든 방법을 동원해서 이 병을 치료하고 싶어요. 성형 수술을 하는 한이 있더라도 말이에요. 왜 저에게 이런 일이 일어날까요? 제가 미친 걸까요?

전 너무 지쳤어요. 엄마가 저 때문에 고생을 너무 많이 해요. 엄마가 고생하는 걸 더 이상 보고 싶지도 않고, 대학에 갈 자신도 없어요. 전 남자애들하고도 많이 친해지고 싶은데 남자애들은 예쁜 여자애들만 좋아하잖아요. 못생긴 애들은 무시하고. 남자애들 만나면 제 증세가 더 심해지는 것 같아요. 그래도 평생 살려면 남자들과도 잘 지내고 그래야 할 텐데… 남자하고 평생 얘기도 안 하고 그렇게 살 수는 없잖아요. 전 지금 모든 일에 자신이 없답니다.

자신의 코가 다른 사람에 비해 크고 못생겼다는 생각에 사로잡혀 하루 종일 다른 일을 전혀 하지 못하는 고3 여학생이 보내온 편지다. 이 여학생은 코가 커도 괜찮다는 자기 암시를 하기 위해 의도적으로 계속 코를 만지면서 자신을 안심시키려 하지만 증세가 워낙 심해 벗어날 수가 없었다. 사실 객관적으로 보기에 그 여학생은 평범한 얼굴, 아니 나이에 비해 두세 살은 어려 보이는 귀여운 얼굴인데도 코가 크다는 생각에 집착해서 병으로까지 발전한 것이다.

이 여학생처럼 자신의 신체 일부분이 이상하게 생겼다고 믿는 증세를 '신체이형증'이라 한다. 정신과에서는 '신체형장애(somatoform disorder)'의 일종으로 간주하는데, 근래에는 신체의 이상에 대한 강박적인 생각으로 이를 강박증의 한 형태로 분류해야 한다는 주장이 제기되었다. 그래서 최근 나온 정신과 진단체계인 DSM-5에서는 강박 관련 장애로 새로 분류되었다.

물론 신체이형증 환자는 강박증과는 달리 자신이 병을 가지고 있다고 생각하지 않는다. 대신 신체의 어떤 부위가 정말로 이상하다고 믿고 있고, 이것이 거의 망상적인 수준으로까지 확대된다. 따라서 종종 망상장애로 진단되기도 한다.

신체이형증 환자들은 자신이 매력적이지 않고 기형이라 생각하며 이를 고치려고 노력한다. 대개 얼굴이나 머리에 집착하는데, 특히 코,

피부, 머리카락에 집착하는 사람이 많으며 이외에도 여드름이나 흉터, 점, 창백한 피부, 매부리코 등에도 과도하게 집착하는 사람이 많다.

이런 사람들은 대개 거울을 자주 보면서 수염을 깎거나 머리 모양을 바꾸기도 하고 여드름을 짜면서 많은 시간을 보낸다. 또 사람들이 자신의 신체를 조롱한다는 망상이 있으며, 외모 때문에 사람들이 자신을 좋아하지 않으리라 생각한다. 이차적으로 우울증을 동반해 술이나 마약에 빠지는 경우도 많고, 심하면 자살을 기도하기도 한다.

하지만 이들은 자신의 이런 특성을 숨기기 때문에 겉으로 잘 드러나지 않는다. 우울증이나 불안증 또는 신체적 특징을 문제 삼아 사회생활이 불편하다며 성형외과를 찾는 경우가 많아 의사가 구체적으로 물어보지 않으면 병명을 진단하지 못하는 경우가 흔하다.

게다가 대부분의 환자가 정신적인 병이라고 인식하기보다는 신체적인 문제라고 생각하기 때문에 피부과나 내과 혹은 외과, 안과를 찾고 심지어는 피부에 털이 많다고 내분비내과를 찾기도 한다. 성기가 작다고 비뇨기과를 찾아가 수술을 하는 경우도 있다.

신체이형증 환자들은 성형외과 수술로 모든 문제를 해결할 수 있다고 생각하지만, 수술 후에도 여전히 만족하지 못하고 또 다른 신체 기형에 대한 집착을 보이며 이를 고치기 위해 다시 수술을 받는 등 여러 번의 수술을 받은 후에야 정신과를 찾는다. 자신의 질환이 정신질환이라는 사실을 모르기 때문이다.

심하면 코, 유방, 귀 등을 만들어 붙이는 경우도 있는데, 수술을 잘 못했다며 의사를 고소하는 사태로 발전되기도 한다. 자신의 신체 모양이 이상하다고 과장해서 느끼기 때문에 수술을 해도 생각이 바뀌기 어려운 것이다.

아름다움을 강요하는 사회

우리나라 여자들의 미에 대한 집착은 세계적으로 소문이 날 정도다. 이런 사회의 요구(?)에 부응하듯 우리의 성형 수술 수준은 세계 최고를 자랑하는 데다가 그 비용도 외국에 비해 아주 저렴하기 때문에 방학이면 해외 교포 여학생들의 성형 수술을 위한 고국 방문으로 강남의 성형외과 병원이 문전성시를 이룬다고 한다.

이런 현상은 물론 교포뿐만이 아니다. 얼굴에 손을 안 댄 여대생이 없다는 우스갯소리가 나돌 정도로 '여름 방학에는 쌍꺼풀 수술, 겨울 방학에는 코 수술' 하는 식으로 대학 4년 동안 장기적인 계획(?)을 세워 몸을 가꿔야 졸업 뒤에 높은 값에 팔려 간다는 자조 섞인 농담이 나돈다고 한다. 게다가 이런 행동을 오히려 어머니들이 부추긴다고 하니 자신의 얼굴이 재산(?)이 되지 못했다고 생각하는 중년 여인들의 한(恨)이 자식에게까지 대물림되는 것이 아닌가 싶어 씁쓸하다.

아름다움에 대한 극단적인 강박 의식 때문에 어떤 여성들은 아이를 낳으면 몸매가 망가진다며 아이 낳기를 거부한다고도 한다. 현대 사회의 물신숭배주의의 극단이라 아니할 수 없다.

특히 최근에는 젊은 남성이 피부관리실을 많이 찾는다고 한다. 이는 면접을 앞두고 조금이라도 깨끗한 피부로 만들어 좋은 점수를 얻겠다는 것이니, 실력이나 능력보다 외모의 중요성이 남성에게까지 확대되어 있음을 뜻하는 것이다.

많은 여성이 다이어트에 몰두하고 '몸에 칼을 대는' 수술을 불사하면서까지 강박적으로 육체적인 아름다움에 집착하는 이유는 무엇일까. 외모를 중시하는 왜곡된 사회 구조 때문 아닐까. 말하자면 외모로 여성을 평가하는 우리 사회의 분위기가 여성들에게 그야말로 '목숨 걸고' 아름다워질 것을 강요하는 것은 아닌지….

사고 또 사고, 여자의 쇼핑은 무죄?

강박증이 의심되는 쇼핑광

40대 중반의 주부 K씨는 벌써 몇 달째 매일 백화점에 가서 물건을 사는 것이 생활의 전부가 되었다.

아침에 남편이 출근하고 아이들이 등교하고 나면 상도 치우는 둥 마는 둥 백화점 개장 시간에 늦지 않기 위해 부리나케 나간다. 입구에 두 줄로 도열해 허리를 90도로 꺾는 백화점 직원들의 인사를 받아야 비로소 하루가 상쾌하게 열리는 기분이 드는 것이다.

처음에는 구경만으로 만족하는 눈요기 쇼핑이었는데 언제부터인가 마음에 드는 물건을 사지 않으면 하루 종일 마음이 편치 않아 견딜 수 없게 되었다.

실제로 물건이 필요해서라기보다 그냥 '사기 위해서 사는' 경우가 더 많았다. 옷, 신발, 화장품, 양산, 각종 액세서리 등 이제 집에는 더 이상 물건을 쌓아 둘 장소조차 없다. 포장을 풀지도 않은 물건들이 쌓이는데도 K씨의 쇼핑 행각은 멈추지 않았다. 벌써 몇 달째 카드 대금이 수백만 원씩 청구되었고, 지난달에는 급기야 1,000만 원을 넘어섰다.

스스로도 너무한다는 생각에 자제하려 하지만 물건을 구입하는 순간에는 오로지 물건을 사는 행위에만 열중하며 묘한 행복감을 느끼게 된다.

길이 역사에 남을 쇼핑광들

현대 사회에서 쇼핑은 많은 사람이 즐기는 생활의 중요한 일부분이다. 미국을 비롯한 선진국에서는 가정과 직장을 제외하고 가장 많은 시간을 보내는 곳이 쇼핑 공간이라는 보고가 나올 만큼 쇼핑은 현대 사회를 이해하는 중요한 키워드가 되기도 한다.

그러나 자신의 경제력을 뛰어넘는 과도한 쇼핑은 개인의 경제적 파탄을 초래함은 물론이고 가계를 꾸려나가는 주부가 쇼핑 중독증에 빠질 경우 가정의 파탄을 불러오기도 한다. 드물기는 하지만 최악의 경우 돈이 없을 때 물건을 사고 싶은 충동을 제어하지 못해 도벽으로 발전하기도 한다.

미국의 한 조사에 따르면 전체 인구의 1.8~8.1% 정도가 쇼핑 중독증에 걸려 있으며, 대부분은 여성이라고 한다. 나이는 18세부터 30세 사이에 집중되어 있다.

역사적으로 유명한 사람들 가운데에도 쇼핑광이 많다. 그 가운데에 서 대표적인 인물을 꼽자면 링컨 대통령의 부인인 메리 토드 링컨을 꼽을 수 있을 것이다.

링컨 여사는 남편의 대통령 재임 시절 의상과 백악관 장식물을 구 입하기 위해 수십 번이나 뉴욕을 왕복했으나 실제로 산 의상이나 물 건들은 거의 사용하지 않았다고 한다. 남북전쟁으로 모든 사람이 어 려움을 겪던 시기에 그녀는 보통 사람들이 이해하기 어려울 정도로 마구잡이 쇼핑에 몰두했다. 군인들은 담요가 모자라 고생하고 있는 데 그녀는 2,000달러어치의 숄을 사들였으며(당시 대통령 연봉이 2만 5,000달러였다니 2,000달러면 결코 적은 돈이 아니다) 심지어는 한 달에 84켤레의 장갑을 사기도 했다. 그녀는 무계획적으로 물건을 사 들였고, 심지어는 링컨이 암살당한 후에도 이런 행위를 계속한 것으 로 알려져 있다.

케네디 대통령과 선박왕 오나시스의 부인이었던 재키 역시 전형적 인 쇼핑광이었다. 그녀는 비싼 옷과 가구에 엄청난 돈을 쏟아부었는 데, 케네디가 대통령에 당선된 직후 16개월 만에 옷값으로만 5만 달 러를 지출했다고 한다. 심지어 패션쇼를 관람한 뒤 출품된 의상을 몽 땅 사들이는 버릇이 있을 정도였다. 케네디 대통령이 한번은 측근에 게 "어디 쇼핑 중독자 치료해 주는 곳은 없나?" 하고 물을 정도로 재 키의 쇼핑벽은 케네디에게 큰 골칫거리였다고 한다.

쇼핑광이라면 필리핀의 퍼스트레이디였던 이멜다 역시 역사에 남

나는 왜 나를 피곤하게 하는가

을 만하다. 한때 우리나라에서도 구두를 여러 켤레 가지고 있는 여자를 이멜다라고 부르기도 했던 것처럼 그녀의 쇼핑 품목에서 구두는 아주 중요한 품목이었다고 한다.

반정부 시위로 마르코스가 하야한 다음 필리핀 정부에서 발표한 내용을 보면 그녀의 옷장에는 밍크코트 15벌, 양산 65개, 파티용 가운 508벌, 선글라스 71개, 신발 1,060켤레와 더불어 전혀 사용하지 않았던 핸드백, 향수, 옷 등이 수없이 많았다 하니 가히 심각한 쇼핑 중독증의 사례로 꼽힐 만하다.

유명한 쇼핑광들은 왜 모두 여성일까? 그 원인에 대해서는 여러 설이 있지만, 미국의 조사 결과를 보면 쇼핑 중독증 환자의 90%가 여자라고 한다.

어떤 사람을 쇼핑 중독자라고 부를까?

쇼핑 중독증으로 진단하는 기준은 무엇일까? 단지 보통 사람들보다 물건을 좀 더 많이 산다고 해서 이를 쇼핑 중독이라 부를 수 있을까? 매켈로이(McElroy)는 쇼핑 중독증의 진단 기준으로 다음과 같은 조건을 제시하고 있다.

첫째, 스스로 제어할 수 없을 정도로 쇼핑과 관련된 생각에 집착해 일상생활에 지장을 받는다.

둘째, 지불 능력이 없다는 걸 알면서도 계속 물건을 구입한다. 아무리 많이 사더라도 갚을 능력이 있다면 쇼핑 중독증이 아니라는 것이 학자들의 결론이다. 즉 자신의 분수에 맞지 않게 필요한 정도보다 더 많은 물건을 구입하는 것이 쇼핑 중독증이다.

셋째, 구매하고자 하는 충동이나 집착 때문에 많은 시간을 보내고 경제적·사회적 고통을 느끼는 사람이라면 쇼핑 중독증에 걸렸다고 할 수 있다.

조울증 환자의 경우, 조증인 시기에는 쇼핑 중독증에 걸린 사람처럼 분수에 맞지 않게 물건을 많이 구입하고, 특별한 이유 없이 기분이 좋고 즐거우며, 식사를 하지 않아도 배고픈 줄 모르고, 잠을 자지 않아도 피곤한 줄 모른다. 물론 쇼핑 중독증으로 진단하려면 조증이 아니어야 한다.

한편 쇼핑 중독증의 증상으로는 다음과 같은 경우를 들 수 있다.

첫째, 쇼핑 중독증 환자들은 대부분 물건을 구매할 때 충동적이며, 그 구매 충동은 몇 시간에서 몇 주일씩 계속되기도 한다. 또한, 쇼핑하려는 충동에 저항하려고 노력하지만 실패하는 경우가 많다.

둘째, 구매 충동은 슬프고 외로울 때나 화가 날 때, 그리고 좌절감을 가질 때 주로 일어나며 물건을 살 때는 행복감에 젖어 강한 힘을 느끼기도 하고 심지어는 카타르시스 내지는 성적인 흥분을 느끼는 경우도 있다고 한다.

셋째, 주로 혼자 쇼핑하며 신용 카드로 결제한다. 중독증에 걸릴 정도로 쇼핑을 하는 사람들은 대개 혼자 쇼핑을 한다. 쇼핑 품목은 주로 옷, 신발, 레코드, 테이프, 보석, 골동품 등이며 결국엔 물건을 사용하지 않고 모아 놓거나 버리며, 일부는 반품시키기도 한다. 또한, 중독자들은 주로 현금보다 신용 카드를 많이 사용하는데 미국에서의 한 연구에 따르면 일반인들은 물건을 구입할 때 약 22%가 카드를 사용하나, 쇼핑 중독자들은 46% 정도가 신용 카드로 결제한다고 한다.

넷째, 정신분석학자들은 쇼핑 중독에 걸린 사람들은 쇼핑을 통해 내부의 뿌리 깊은 허무감, 갈등 등을 외부에서 해결하려 한다고 지적한다. 이들은 자신의 안정적인 내적 이미지의 결핍 때문에 그에 대한 보상으로 외적인 것에 집착한다는 것이다.

소비자 행위를 연구하는 사람들은 쇼핑 중독증을 현대의 시장 구조에 의해 나타나는 사회 문화적인 현상의 하나로 보기도 한다. 현대 사회에서 백화점은 단순히 물건을 사고파는 장소가 아니라 눈요기(윈도 쇼핑)를 제공하는 여가 활동의 장소로 생활의 일부분이 되었다. 돈만 있으면 화려한 쇼윈도에 즐비하게 전시된 갖가지 상품들을 언제든지 소유할 수 있는 것이다. 말하자면 현대 사회는 쇼핑 중독증을 쉽게 일으킬 수 있는 조건을 제공하고 있는 것이다. 과거 5일장이나 재래시장에서 물건을 구입하던 시절에는 쇼핑 중독증이 많지 않았을 것으로 추정되는 것도 이 때문이다. 생물학적으로는 강박증이나 충동조절장애의 일종으로 보고 있으며, 충동적 구매를 술이나 도박에 집착하는 것과 같은 중독 증상의 일종으로 보기도 한다.

쇼핑 중독증에는 불안장애나 약물 중독이 동반되는 경우가 많으며,

가족 중에도 우울증, 알코올 중독, 불안장애를 가지고 있는 경우가 흔하다.

치료는 강박증의 치료와 마찬가지로 세로토닌 재흡수차단제가 효과가 있다는 보고가 있으며, 인지행동치료적 접근을 하기도 한다. 인지적 접근은 충동적 구매에 대한 잘못된 인지 기능을 고쳐 주는 것인데, '지금 구매하지 않으면, 이 물건을 다시는 볼 수 없을 것이다'라는 잘못된 생각을 바로잡는 것이다. 행동적 접근으로 백화점 같은 곳에서 물건을 구경하면서 사고 싶은 충동을 참고 견디는 훈련을 하는 '노출-반응 방지법'을 사용해 효과를 보기도 하며, 정신치료가 필요한 경우도 있다.

증세가 심하지 않을 경우에는 독서나 등산 등 쇼핑 외의 다른 일에서 심리적 위안을 찾으면 도움이 된다.

마이클 더글러스의 '원초적 본능'

인터넷으로 날개 단 섹스 중독증

40대의 중년 남자인 L씨. 결혼 후 두 아이를 낳고 부인과도 별문제 없이 잘 지내고 있지만 한 달에 2~3명의 새로운 여성과 섹스를 해 왔다고한다. 일과가 끝나면 뭔가 허전한 기분이 들곤 하여 직업여성과 관계를 맺었다. 심지어 어떤 날에는 근무 시간에 퇴폐 업소를 찾기도 했다.

꼬리가 길면 잡힌다고, 결국 부인이 모든 사실을 알게 되었다. 부인은 이혼을 요구했지만, 부인을 진심으로 사랑하는 L씨는 용서를 빈 후, 다시는 이런 일이 없을 거라고 굳게 맹세를 했다.

하지만 일이 끝나는 저녁 무렵만 되면 자신도 어쩔 수 없이 또 다른 여자를 찾게 된다고 한다. 부인이 이 사실을 알게 된다면 무슨 일이 벌어질까 두렵기만 하다.

성적인 욕망을 다스리지 못하고 자꾸 빠져드는 자신이 성의 노예가 된 것은 아닌가 하는 걱정에 병원을 찾게 되었다.

섹스와 관련된 강박 증상을 앓고 있는 사람은 우리 주위에 의외로 많다. 다만 개인적이고 은밀하게 그런 증세들을 즐기기(?) 때문에 다른 사람의 눈에 띄지 않을 뿐이다.

섹스와 관련된 강박 증세로는 직접적인 성행위, 반복적으로 골똘하게 섹스만을 생각하는 등의 성에 관한 공상, 자위행위에 대한 과도한 집착 등이 있다.

특히 자위행위에 대한 집착과 그로 인한 불안감은 사춘기 남학생들에게 많이 나타나는데 이들은 자위행위로 인해 학교생활이나 일상생활에 지장을 받는 경우가 많다. 한 고등학생의 경우 수업 시간에 친구들이 돌린 도색 잡지를 본 다음부터 하루 종일 그 잡지에서 본 여자의 나체 사진이 아른거려 아무 일도 할 수 없게 되었으며, 그 후 매일 밤을 새우면서 자위행위에 집착하다가 마침내 엄마 손에 이끌려 병원에 오게 되었다.

섹스 중독증에 대해서는 자세히 알려져 있지 않지만, 크게 성적인 강박사고, 성도착증, 그리고 성적인 강박행동 등으로 나누어 볼 수 있다. 성적인 강박사고는 성과 관련된 생각이 반복적으로 떠오르는 것으로, 대개 사춘기에 많이 나타난다. 성도착증은 비정상적인 성적 행위에 반복적으로 몰두하는 것이다. 예를 들면 어린아이를 대상으로 반복적인 성적 학대를 가하는 경우, 여성의 속옷을 보면 성적 흥분을 느껴 반복적으로 여성의 속옷을 훔치는 경우, 동물과의 섹스, 다른 사람의 성행위를 훔쳐보면서 반복적으로 쾌락을 느끼는 경우, 자신의 성기를 대중에게 반복적으로 노출함으로써 쾌락을 얻는 경우 등이 모두 성도착증에 속한다. 성적 강박행동은 반복적이고 과도한 성행위가 특징이며 위에서 예로 든 L씨가 여기에 해당한다.

미국의 심리학자인 카네스가 600명의 섹스 중독증 환자를 대상으로 조사한 결과에 따르면 섹스 중독자들의 행동은 성적인 공상(주로 자위행위를 동반함), 혼외 관계를 갖는 유혹적인 행동, 모르는 사람과의 하룻밤 관계 혹은 직업여성과의 관계, 스트립쇼나 포르노그래피를 보거나 모으는 관음증, 자신의 신체 일부를 과도하게 드러내 보이는 노출증, 허락 없이 다른 사람의 몸을 만지는 행동, 성적 극치감을 얻기 위하여 물건을 사용하는 행위, 어린아이와의 관계 등 11가지의 형태를 보인다.

섹스 중독증은 일종의 충동조절장애의 하나이자 강박 관련 장애로, 충동을 막으려고 하면 오히려 불안해져서 견디기 어려우며, 행위 후에는 긴장이 이완된다고 한다. 대부분 스트레스가 있으면 자주 그런 충동을 느끼기 때문에 다른 중독증 환자처럼 자꾸 반복 행동을 하게 되는 것이다. 미국의 한 통계에 따르면 성인의 약 3~6%에서 섹스 중독 현상이 나타난다고 한다.

인터넷 사용이 급증하면서 인터넷을 통한 포르노 사이트 접속이나 사이버 섹스, 더 나아가서는 채팅을 통한 다른 사람과의 성적인 접촉이 심심찮게 사회 문제가 되고 있다. 이는 외국의 경우도 크게 다르지 않다.

미국 샌프란시스코에서 행한 조사에 따르면 1% 징도의 인터넷 사용자들이 1주일에 11시간 이상 섹스에 관한 일로 인터넷을 사용한다고 한다. 인터넷은 누구의 규제도 받지 않고 완전히 자유롭게 누구나 접근할 수 있기 때문에 섹스와 관련된 것에 노출되기가 쉽다. 인터넷의 음란 사이트를 찾는 사람의 80% 정도는 자신의 집에서, 약 20%의 남자와 12% 정도의 여자들은 직장에서 이런 행위를 한다고 한다. 많은 사람이 직장이나 집에서 인터넷을 통해 섹스와 관련된 것을 찾아 헤매고 있는 것이다. 물론 이는 미국에서의 통계지만 우리 역시 큰 차이는 없으리라 짐작된다.

성에 관한 강박 증상은 사춘기의 미숙한 학생들에게서만 나타나는 게 아니다. 얼마 전에 진료했던 27세의 K씨는 10년 이상 여자에게 채찍으로 맞는 피학적인 성적 환상에 빠져 자위행위를 반복하던 청년이었다. 일단 그런 생각이 들면 자위행위를 하지 않고는 몇 시간을 불안해서 견딜 수 없었다고 한다.

특히 스트레스를 받으면 그 충동이 더욱 심해지는데, 2개월 후로 잡아 둔 결혼 날짜 때문에 극심한 스트레스를 받고 있었다. 결혼하게 되면 부인이 알게 될 것 같고, 부인이 있는 곳에서는 이런 성적 환상을 갖고 자위행위를 할 수 없을 것 같아 불안해하다가 병원을 찾게 된 것이다.

섹스 중독증 치료의 목표는 비정상적인 성적 행동을 바꾸는 것이다. 치료 초기 30~60일 정도 자위행위를 포함한 모든 성적 행위를 중지하고 지내면서 섹스 없이도 살아갈 수 있다는 것을 경험하는 것이다. 약물 중독과 마찬가지로 금단 증상이 나타나는 경우도 있다. 섹스 중독증은 부부가 함께 치료받는 것이 중요하다. 섹스 중독증은 병에 걸린 사람만의 문제가 아니라 가족 전체에 영향을 미치는 가족병이기 때문이다.

미국의 경우 같은 병을 가진 환자들이 그룹으로 모여 대화를 나누면서 서로 증세를 공개하고 도움을 주고받는 것이 일반화되어 있다. '알코올 중독자 모임'처럼 '섹스 중독자 모임'이 있어 자신의 어려움을 나누고 서로 용기를 북돋워 준다고 한다. 또한, 이곳에서는 알코올 중독 치료로 유명한 12단계 프로그램을 응용하여 섹스 중독을 치료한다. 특히 치료 초기 3~6개월 동안은 많은 스트레스를 받게 돼 부부가 합심하여 잘 견뎌야만 성공할 수 있다. 증상이 심할 경우 약물을 사용하기도 하는데, 강박증과 관련이 있는 병에 사용하는 선택적 세로토닌 재흡수차단제를 사용하기도 한다.

미국에는 섹스 중독자가 많다고 한다. 아버지 커크 더글러스의 뒤를 이어 영화배우로 활약하고 있는 마이클 더글러스가 섹스 중독증에 걸려 오랫동안 정신과 치료를 받고 있다는 외신 기사가 사람들의 입에 오르내리기도 했다. 당시 그가 샤론 스톤과 함께 출연했던 〈원초적 본능〉이라는 영화가 우리나라에서 상영되던 때여서 그랬는지 마이클 더글러스의 섹스 중독에 관한 기사는 꽤 흥미로운 화젯거리였던 것으로 기억된다.

모든 사랑은 강박증이다?

한 여인에게 광적으로 집착했던 세바스찬의 사랑 강박증

빅토르 위고의 유명한 소설 《레 미제라블》에 나오는 도둑 장발장을 잡기 위해 30년을 추적하는 자베르의 집념을 어떻게 표현할 수 있을까? 의학적으로는 '강박적인 집착'이라고 할 수 있을 것이다. 즉 광적으로 한 가지 일에 매달린다는 뜻인데 무엇이 한 인간을 그토록 오래 광적으로 집착하게 만드는 것일까? 그리고 이들은 다른 사람들과 다른 어떤 특징이 있는 것일까?

1989년 미국 국립보건원의 주디 라파포트라는 의사가 쓴 《씻기를 멈추지 못하는 소년》이라는 책에는 강박증의 대표적인 사례라 할 수 있는 '세바스찬'이라는 환자의 예가 나온다. 세바스찬은 한 여자를 광적으로 따라다니는데, 단지 그 여자를 따라다니면서 구애만 한 것이 아니라 그 여자의 생각이 끊임없이 맴돌아 거기에서 벗어날 수 없는 전형적인 사랑 강박증 환자였다.

1960년 보스턴 법원은 세바스찬이라는 사람이 정신 감정을 보스턴 정신 병원에 의뢰했다. 이유는 그가 산드라는 여성이 점원으로 있는 도넛 가게를 너무 자주 방문하고, 지나칠 정도로 가게 주위를 맴돈다는 것이었다.

산드라를 보기 위해 가게 주위를 맴돌다가 결국 붙잡혀 정신 감정을 받게 된 그는 당시 51세였고 산드라는 50세였다. 산드라는 항상 웃음을 잃지 않는 친절한 점원으로 10년간이나 도넛 가게에서 일하고 있었고, 세바스찬 역시 몇 년 동안 같은 가게에서 접시닦이로 일하면서 산드라에게 사랑을 느끼기 시작했다.

처음에는 단순히 그녀 주위에 있는 것만으로 만족하다 점차 편지를 보내고 선물을 하기도 했다. 결국 '만약 나와 같이 있지 않는다면 당신을 죽이겠다'라고 편지를 쓰기도 했는데, 이러한 것들은 산드라를 위협하기에 충분했다.

세바스찬은 아주 예의 바른 사람이었으며 결코 신체적인 접촉을 원한 것이 아니었다. 단지 그녀를 바라보고, 주위에 있기만을 바랄 뿐이었다. 이것이 부담스러웠던 산드라는 제발 자신을 가만 놔두기를 요구했지만, 애정을 숨기지 못했던 세바스찬은 결국 해고를 당하고 다른 곳으로 옮기게 된다.

그러나 산드라에 대한 그의 사랑은 점점 더 깊어만 갔다. 어느 날 세바

나는 왜 나를 피곤하게 하는가

스찬은 가게로 잠입, 산드라의 양말을 훔친다. 산드라의 물건을 갖고 있으면서 그녀를 생각하고 싶었기 때문이다.

하지만 이 사실이 발각되어 그는 6개월간 도넛 가게에 접근하지 못한다는 법원의 명령을 받았지만 2주도 되지 않아 가게 근처를 배회하다 다시 붙잡히게 되었다.

세바스찬의 주치의 앨런 홉슨은 현재 보스턴의 매사추세츠 정신병원의 교수로 전 세계적으로 많은 논문을 발표한 유명한 정신과 의사다. 그는 세바스찬에 대해 다음과 같이 기술하고 있다.

세바스찬은 혼자 살고 있으며, 약간의 알코올 중독 기가 있다. 그는 강박적으로 산드라를 생각하고 있었다. 그는 보스턴으로 이사 오기 전에 정원사나 잡역부 등의 직업을 가졌다. 혼자 있을 때는 유명한 오페라를 듣거나 술을 마시기도 했다. 그는 도넛 가게에 접근할 수 없게 된 것에 상당히 실망하고 있었다. 결국 그는 바깥에서 기다렸고, 산드라가 나타나자 말을 붙이려다 붙잡히게 되었다.

병원에서는 세바스찬에 대해 여러 진단을 내렸지만, 그 어떤 진단도 완벽한 것은 아니었다. 세바스찬은 정신병에서 나타나는 것처럼 사고 장애를 보인 것은 아니었다. 그는 한 여성에 대한 강박적인 감정, 즉 사랑이라는 감정을 느끼고 있었음이 분명하다.

그는 병원을 탈출해 다시 산드라를 만나러 갔다. 산드라를 잊기 위해 일주일에 약 50시간 이상 일을 했지만 계속 떠오르는 그녀 생각 때문에 견딜 수가 없었다. 세바스찬은 병원을 탈출한 후 2번에 걸쳐 홉슨 교수에게 편지를 띄웠지만, 그 후엔 누구도 그를 본 적이 없다고 한다. 다음은 그가 홉슨 교수에게 보낸 마지막 편지의 일부분이다.

이제 53세가 되었다. 이번 크리스마스는 거의 암흑과 같은 기분으로 보냈다. 술집에 들어갔더니 결혼한 한 쌍의 부부가 있었다. 나는 거기에 머무를 수 없었다. …매일 산드라가 탄 기차가 지나간다. 그녀를 볼 수 있는 시간은 1분도 채 되지 못한다.

인스턴트 사랑이 판을 치고 남녀 간의 사랑이 외적인 조건과 물질에 의해 좌우되는 오늘날 오히려 세바스찬의 사랑은 순수하고 귀해 보일 수도 있다. 그러나 사랑은 한 사람만의 일방 소통이어서는 안 된다. 그래서 양방 소통이 되지 않는 일방적인 사랑을 짝사랑, 그리고 그 사랑의 대상을 괴롭히며 자신의 것으로 만들려 하는 사람들을 스토커라고 부르는 것이다.

하지만 요즘 '한 사람에 대한 강박적인 증상이 바로 사랑이며 사랑도 심하면 병이 된다'라는 사실을 보여 주는 세바스찬의 이야기가 순수해 보이는 이유는 무엇일까.

나는 절대로 건강하지 않다?

의사 쇼핑에 나선 건강 염려증 환자들

35세의 교사 B씨는 10년 이상 '암'이나 '심장마비'라는 단어만 들으면 마치 자신이 그 병에 걸린 것 같은 생각이 하루 종일 머리에서 떠나지 않았다. 이 때문에 B씨는 늘 심한 불안을 느껴 감기가 들어 좀 피곤하거나 근육통을 느끼면 곧장 병원에 가서 각종 검사를 해보아야 마음이 놓이는 지경에까지 이르렀다.

그러다 어느 순간부터 B씨는 병원의 검사 결과도 믿지 못하게 되었다. 검사를 받고 나서도 '혹시 저 의사가 오진(誤診)을 해서 내 병을 발견하지 못하는 건 아닌가' 하고 의심하게 된 것이다. 그는 이런 의심 때문에 1년에도 두세 차례 병원에서 정밀검사를 받을 뿐만 아니라 병원을 믿을 수 없어 이곳저곳을 돌아다니며 검사를 해야 마음이 놓이는 상태가 되었다. 하지만 병원과 의사를 신뢰하지 못하고 항상 불안해하는 자신의 모습을 스스로도 알고 있다.

건강 염려증은 영어로 '하이포컨드라이어시스(hypochondriasis)'라고 하는데, 이는 '갈비뼈 밑의 연골'이라는 의미다. 건강 염려증은 실제 객관적인 검사 결과로는 이상이 없음에도 불구하고, 스스로 심각한 병에 걸렸다고 믿는 정신적 증세를 말한다.

대개 의사들은 한 번씩 건강 염려증에 걸리게 된다는 우스갯소리가 있다. 의과대학 고학년이 되어 어떤 질병에 대해 배우기 시작하면 마치 자신이 그 병에 걸린 것 같은 생각이 들고, 또 다른 병을 배우게 되면 그 병 역시 자신이 가지고 있는 것 같아 불안해지는 것이다.

어쨌든 건강 염려증 환자들은 검사 결과가 정상인데도 병원의 검사 결과를 믿지 않기 때문에 소위 '의사 쇼핑(doctor shopping)'을 하러 다니는 현상이 나타난다. 즉 이 병원 저 병원을 전전하며 자신의 병을 설명하고, 증상을 호소하며 검사를 되풀이하는 것이다.

이런 사람들은 대개 병에 대해 비합리적인 공포를 느끼고 있는데 그렇다고 망상적인 수준은 아니다. 대개 병원을 방문하는 환자 가운데 6~9%는 건강 염려증을 가지고 있는 사람이라고 볼 수 있다.

건강 염려증과 강박증은 비슷한 점도 있고 다른 점도 있다. 건강 염려증은 생각이 비교적 현실적이며 어느 정도 합리적인 면이 있다. 또한, 다른 사람에게 자신의 증상을 설명하고 이해를 구하려는 경향이 많다. 실제로 신체적으로 이상을 느끼기도 해 병원을 자주 방문해 검사를 받는다. 이에 반해 강박증은 사고가 비합리적이고, 쓸모없는 생각을 많이 하는 편이다. 또한, 창피하다고 생각하기 때문에 다른 사람에게 자신의 증상을 숨기려 한다. 어떤 환자는 회사에서는 아무 이상 없이 지내다가 집에 오면 두세 시간씩 손을 씻는데, 직장에서는 이런 사실을 10년 넘도록 전혀 눈치채지 못하고 있다고 한다. 그 사람에게 강박 증상이 있다는 것을 아는 사람은 자신과 부인뿐이다. 인터넷을 통해 문의해 오는 학생들 가운데에는 때로 강박 증상을 가지고 있으면서도 부모에게는 알리지 않고 치료받을 방법이 없는지 궁금해하는 이가 많다. 이처럼 강박증은 남에게 드러내기를 꺼리는 데 반해 건강 염려증은 주위에 도움을 청하는 경우가 많다.

건강 염려증은 다른 질환의 이차적인 증세로 나타나기도 하는데 이럴 때는 특별히 주의를 기울여야 한다. 우울증, 공황장애, 불안장애, 신체형장애, 혹은 정신병에서도 나타난다.

가장 조심해야 할 것이 이른바 '가면성 우울증'이다. 이 질환은 우울증의 한 형태로, 우울감은 드러나지 않지만, 환자는 자신의 신체적 증상에 과도하게 매달려 건강 염려증적인 경향을 보이는 것이다.

건강 염려증의 증세를 보인다면 면밀한 검사를 통해 정말 신체적인 원인이 있는 것은 아닌지 세밀하게 조사하는 것이 중요하며, 이어 다른 질환의 이차적인 증상으로 나타나는 것은 아닌지 구별하는 것이 중요하다.

신체 질환이 없다는 것이 일단 확인되면, 또다시 병에 걸린 것 같은 생각이 들더라도 반복적인 검사는 피하는 것이 좋으며, 필요하면 정신치료를 받는 것이 도움이 된다.

나는 왜 나를 피곤하게 하는가

도박에 관대한 나라, 도박을 장려하는 나라

개인과 가정을 파멸로 이끄는 도박 중독증

P씨는 작년 말 이혼을 했다. 그동안 도박으로 재산을 모두 날린 것은 물론이고 사업마저도 못하게 되었다. 이제 남은 것이라고는 집 한 채밖에 없는데, 그것마저 도박 빚으로 날릴 것 같아 부인과 법적으로 이혼하고 집의 명의는 부인 앞으로 이전했다.

P씨가 도박에 손을 대게 된 것은 3년 전 사업 관계로 만나는 사람들과 재미로 포커를 시작하면서부터였다. 처음에는 조금씩 돈을 따는 재미도 있었고 사람들과 친목을 도모한다는 생각으로 했는데 점차 판돈이 커지면서 돈을 잃게 되자 오기가 생겨 더 열중하게 되었다고 한다. 노름으로 패가망신하는 전형적인 순서를 밟은 셈이다.

그러다가 P씨는 전문 사기 도박단에 걸려들었다. 판돈은 이전과는 비교할 수 없을 정도로 어마어마해졌고 당장 현찰이 없으면 속칭 '하우스'에서 높은 이자로 돈을 빌려 쓰기도 했다.

잃은 돈만 건지면 다시는 도박을 하지 않겠다고 생각했지만 이미 때는 늦었다. 재산은 물론 가정까지 잃어버린 P씨에게 남은 것은 절망뿐이었다.

우리나라는 예부터 술과 도박에 관대한 나라라고 할 수 있다. 사람이 몇 명 모이는 자리에는 으레 술이나 화투가 있게 마련이다. 술과 도박이 생활화(?)한 나라라고나 할까? 지방자치단체가 카지노 사업에 뛰어들 정도니….

도박 중독증은 도박에 병적으로 몰두하고, 도박에 거는 액수가 점차 많아지며, 도박을 하지 않으면 불안하고 초조한 금단 증상이 나타나는 것을 말한다. 대개 도박으로 잃은 돈을 되찾기 위해 다시 도박을 하는 경우가 많다. 때에 따라 도박을 계속하기 위해 불법적인 행동을 하게 되고, 결국에는 사회생활이나 직장생활을 못하게 된다.

도박 중독도 충동조절장애이자 일종의 중독성을 띠는 것이다. 중독 현상은 일반적으로 의존성이 점점 커지며 금단 증상이 나타나는데 도박 중독도 이와 유사하다.

초기에는 도박에 집착하는 모습을 보이며, 시시때때로 혼자서 카드나 화투를 하기도 하고, 도박으로 돈을 따면 어떻게 하겠다는 식의 헛된 꿈을 꾸는 등 환상을 키워나가는 게 보통이다. 또한, 도박의 문제성을 인정하지 않으려 한다. 그 결과 다른 취미가 있었다 해도 모두

도외시한 채 오로지 도박을 할 때만 즐거움과 쾌락을 느끼게 된다. 최근 국민적인 관심거리가 되고 있는 증권 투자 역시 도박과 비슷한 속성을 가지고 있다.

정신분석학자인 커스터(Custer)와 밀트(Milt)는 도박 중독증의 단계를 크게 넷으로 나누었다. 첫 번째는 '돈을 따는 시기'이며, 두 번째는 '돈을 잃는 시기', 세 번째가 '자포자기의 시기', 그리고 마지막이 '포기의 시기'다.

첫 번째 단계인 '돈을 따는 시기'에는 약간의 성공을 거두기도 한다. 때에 따라서는 비교적 큰돈을 벌기도 해서 점점 도박에 빠져들게 된다. 돈을 따는 재미가 쏠쏠해지면서 차츰 판돈이 커진다. 여성의 경우 단조로운 일상에서 벗어나 일탈적인 즐거움을 느끼게 하는 하나의 탈출 수단이 되므로 남자들보다 더 깊이 빠지기도 한다.

두 번째 단계인 '돈을 잃는 시기'에는 자신이 잃은 돈을 만회하기 위해 도박을 계속하게 된다. 이 시기에는 혼자서 밤을 새우며 연구하면서 실제 도박에 대비한 연습을 하기도 한다. 그리고 점차 도박하는 횟수와 시간이 늘어난다. 이 시기부터 직장생활이 어려워지고 경제적인 문제가 발생하면서 가정생활도 심각한 위기에 직면하는 게 보통이다.

세 번째 단계인 '자포자기 시기'에는 행동에 많은 변화가 나타나는데, 남을 속이거나 사기도박을 하는 등 불법적인 행동까지 불사하게 된다. 점차 초조하거나 불안해지며 도박 이외의 모든 사회활동은 포기한다. 가정생활은 이 시기가 되면 거의 깨지게 된다. 식사나 수면도

불규칙적이며 거의 폐인과 같은 생활을 한다. 간혹 자살을 시도하기도 한다.

마지막 네 번째 단계인 '포기의 시기'에는 드디어 그동안 잃었던 돈을 도저히 회복할 수 없다는 것을 깨닫게 되면서 자신의 행동을 스스로 조절할 수 없는 지경에 빠진다. 이 시기에 이르면 주위의 도움 없이는 도저히 헤어날 수 없게 된다.

도박 중독증은 비교적 흔한 질환으로 만성적인 경과를 보인다. 사회적으로 허용이 되는 도박을 즐기다 스트레스가 있을 때 병적인 도박으로 변하기도 하는데 대개 약물 중독, 죽음과 이별, 출생, 신체 질병 등이 원인이 되기도 한다. 도박 중독증 역시 다른 약물 중독과 같이 도박을 하지 않으면 불안하고 초조한 금단 증상이 나타나는 경우가 많다. 도박 중독 역시 그룹 치료가 효과적이다. 알코올 중독 모임과 같이 익명의 도박중독자 모임이 있다.

우리나라에서도 1984년 6월 한 외국인 신부에 의해 '한국 단도박 친목 모임'(http://org.catholic.or.kr/Dandobak/)이 만들어져 현재 전국적인 조직을 갖추고 있으며, 도박을 끊겠다는 사람들에게 많은 도움을 주고 있다.

'머리 뽑기'와 '틱장애'

비교적 어렸을 때 나타나는 강박 증세

어느 날 외래 진료실로 찾아온 24세의 P양이 모자를 벗었을 때 간호사와 필자는 너무 놀란 나머지 눈이 휘둥그레졌다. 젊은 여성의 머리라고는 믿을 수 없을 정도로 머리카락이 듬성듬성 빠져 있고 두피가 드러나 있었던 것이다. 그녀는 이런 모습을 다른 사람이 볼까 봐 항상 모자를 쓰고 다녔다.

P양은 머리카락을 반복적으로 잡아당기고 만지작거리기 때문에 머리카락이 가늘어져 결국 빠지게 된 것이다. 한때는 머리카락을 만지지 못하도록 장갑을 끼기도 하고 손톱을 짧게 깎아 보기도 했지만 마음먹은 대로 잘 되지 않았다. 피부과에서 각종 검사를 해 보았지만, 원인을 찾을 수 없어 결국 정신과에 진료를 의뢰하게 된 것이다.

비교적 어렸을 때 나타나는 강박 증세 중 대표적인 것이 바로 '머리 뽑기'와 '틱장애'라 할 수 있다. 위의 P양과 같은 병적인 머리 뽑기는 과거에는 단순히 버릇, 혹은 심리적 갈등에서 비롯된다고 생각했으나 1980년대 후반에 들어오면서 충동 조절에 문제가 있는 강박증과 관련이 있는 병으로 인식하게 되었다. 환자들은 머리카락, 눈썹, 속눈썹, 구레나룻, 팔과 다리 등의 털을 반복적으로 뽑으며, 심지어는 음모를 뽑기도 한다.

또 머리카락을 비비거나 입으로 빨기도 하며, 씹는 경우도 있다. 간혹 머리카락을 먹기도 하는데 이것이 위나 장에 모여 마치 종양 같은 모양이 되기도 한다. 그래서 인공 속눈썹을 끼거나 눈썹을 그리고 가발을 쓰기도 하며, 선글라스를 끼고 다니는 경우가 많다.

머리카락을 뽑기 전에는 긴장감을 느끼는 경우가 많고 뽑고 난 후에는 안도감, 쾌락, 즐거움 등을 느낀다. 주로 여자에게 많이 나타나며, 대개 어릴 때 시작해 오랫동안 계속된다. 강박증에서 나타나는 강박행동은 나쁜 일이 일어날 것 같은 강박 생각에 반응해 보이는 행동이지만, 머리 뽑기는 어쩔 수 없는 충동 때문에 행동을 하게 된다는 점에서 차이가 있다.

머리 뽑기가 드문 병이라고 생각할지도 모르겠지만, 1991년 크리스 틴슨의 연구에 따르면 대학생 2,579명 가운데 남자 1.5%, 여자 3.4% 정도가 머리 뽑기 증세를 갖고 있는 것으로 나타나 이 질환이 비교적 흔한 병임이 입증되었다. 물론 이 가운데 치료를 받아야 할 정도로 심각한 경우가 어느 정도인지는 확인되지 않았지만 말이다.

머리 뽑기 증세는 어린아이에게서도 관찰되는데 대개 4세경에 시작, 2년여에 걸쳐 지속된다. 스트레스를 받으면 더욱 심해지기도 하는데 어른들과는 달리 1년에 2~3회 정도 나타났다가 좋아지기를 반복하며, 대개 10월부터 2월 사이에 증세가 심해지는 것으로 알려져 있다.

중학교 2학년인 A군은 초등학교 5학년 때부터 시작된 투레트장애로 치료를 받고 있다. 갑자기 어깨를 씰룩거리기도 하고, 눈을 깜박거리며, 팔을 옆으로 흔들곤 했다. 긴장이 되면 심해지기도 하는데, 경우에 따라서는 '꺽꺽'거리는 소리를 내기도 했다. 약물치료 후 틱장애는 비교적 호전되었는데, 약 6개월 전부터는 자기가 한 일에 대해 주위 사람들에게 몇 번씩 확인하는 강박 증상이 나타났다.

틱장애란 자신의 의사와 상관없이, 갑자기, 반복적으로 근육이 움직이는 병이다. 틱장애가 몇 군데에서 나타나고 음성 틱장애가 동반되는 경우를 투레트장애라고 한다.

틱장애는 대개 18세 이전에 시작되며 어린아이들에게 많다. 어느 정도는 의식적인 노력으로 참을 수 있다. 대개 눈을 깜박이거나 코를 씰룩거리기도 하고 어깨를 움칫하거나 어떤 경우에는 점프를 하기도 한다. 음성 틱으로는 이상한 소리를 내거나 기침을 자주 하고 목소리를 가다듬기 위하여 '음음' 소리를 내기도 한다.

틱장애와 강박증은 밀접한 관련이 있다고 알려져 있는데 두 질환 모두 사춘기에 시작해 악화와 호전을 반복하고, 가족력이 있으며, 불안이나 스트레스에 의해 악화하는 특징을 가지고 있다.

틱장애는 약물치료가 우선이며, 스트레스에 의해 악화되기 때문에 학교나 가정생활에서 오는 스트레스를 적절하게 조절해야 한다. 최근의 연구에 의하면 약물에 의해 조절되지 않는 심한 투레트장애를 새로운 신경조절술(neuromodulation)인 심부뇌자극술(deep brain stimulation)이나 감마나이프(gamma knife)를 통해 치료가 가능하다는 보고가 있었고, 실제 서울대병원에서도 최근 심한 환자분들에게 이런 방법을 시도하여 효과를 보기도 했다.

2장

이보다 더 나쁠 수는 없다

진료실에 찾아오는 강박증 환자들

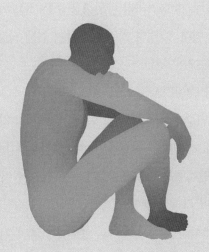

난 지저분한 건 못 참아

대표적인 강박 증세-청결 강박 행동

외모가 지저분하면 남에게 좋은 인상을 주기 어렵다. 사회생활을 하면서 다른 사람에게 청결하다는 인상을 주는 것은 기본적인 예의라고 할 수 있을 것이다. 그러나 청결하게 살기 위해 직장생활의 대부분의 시간을 화장실에서 소비한다면?

일반적인 강박 증세의 대표적인 경우가 바로 지나친 결벽증이라 할 수 있는데 이 결벽증은 대부분의 강박증 환자에게서 찾아볼 수 있다.

대학교 때부터 결벽증을 보이다가 사회생활을 하면서도 나아지지 않아 집중적인 인지행동치료를 받는 P라는 남자 환자가 있다. 이 환자의 경우 자신이 기록한 생활 기록 일지를 보면 직장에 출근하기 위해 씻는 시간이 5시간 10분으로 예를 들면 다음과 같다.

용변을 보기 위해 변기 전체에 지저분한 것이 묻어 있는지 살펴본 다음 휴지로 변기를 닦는 데 33분, 7번 손을 씻고 나서 손톱 밑에 있는 때를 손톱으로 빼내는 데 12분, 눈 안을 뒤집어서 눈곱이 있는지 보고 눈곱을 빼내는 데 7분, 코를 풀고 나서 코안에서 아무것도 나오지 않을 때까지 손가락으로 코를 후비는 데 23분, 면도할 때 면도한 부위를 반복해서 깎아 주는 데 35분, 이 닦는 데 27분, 머리를 감을 때 몇 번이고 비누를 칠하고, 다시 헹군 다음 스펀지에 비누를 묻혀서 몸을 닦고 오랫동안 샤워기로 씻어 낸다. 그리고 몸을 수건으로 닦을 때는 수건에 이물질이 묻어 있는지 확인해 보고, 있으면 떼어 낸 다음 수건으로 몸의 물기를 닦는 데 2시간, 스킨 바르는 데 2분, 목과 팔에 향수 뿌리는 데 1분, 손에 로션을 바르는 데 1분이 걸리며 심지어 얼굴의 버짐을 떼는 데 7분이 걸린다.

직장에 출근하기 위해 몸을 씻고 나갈 준비를 하는 데 이렇게 오랜 시간이 걸린다면 지각하지 않기 위해서 이 환자가 몇 시에 일어나야 하는지는 굳이 말하지 않아도 알 것이다.

이 환자는 초기에는 자신의 이런 증세가 병이 아니라고 생각했다. 그냥 자신의 성격이 워낙 깔끔해서 그런 것으로 생각했을 뿐이다. 그런데 겉옷뿐만 아니라 속옷, 양말, 모자, 허리띠, 목욕탕의 수건까지 세심히 살펴보고 실밥이나 먼지 같은 것을 떼어 내는 아들의 행동을 이상하게 여긴 어머니에 의해 정신과 치료를 받게 된 것이다.

이 환자는 자신의 행동이 병이 아니라고 생각하는 것만큼 회복이 무척이나 어려웠다. 약물치료나 상담은 효과가 없었고, 조금 행동이 나아지는 것 같으면 치료를 중단했다가 더 나빠져서 다시 병원을 찾곤 했다. 병원에서 시행하는 집단인지행동치료에도 참여한 적이 있지만, 꾸준히 나오지 않아 그다지 효과를 보지 못했다. 인지행동치료에 빠지는 날이 많고 그다지 성의를 보이지 않던 이 환자는 급기야는 인지행동치료가 끝난 지 얼마 안 되어 조금씩 다른 현상들이 나타나면서 또 나빠지기 시작했다. 출근하기 위해 아침에 일어나 세수하고 준비하는 시간이 두려워 일어나는 시간을 자꾸 늦추게 되면서 집단인지행동치료를 건성으로 받은 것을 후회하게 되었고, 결국 입원한 상태에서 인지행동치료를 받다가 얼마 전 퇴원해서 통원치료를 받고 있다.

집단인지행동치료란 같은 증세를 보이는 환자들이 그룹으로 모여 자신의 증세를 이야기하고 다른 사람들의 이야기를 들으면서 치료를 받는 것이다. 인지행동치료를 시작하면 맨 처음에는 환자들이 자신의 이야기를 드러내 놓는 것을 꺼리지만 점차 가족 같은 분위기가 되고 다른 사람들의 솔직한 이야기를 듣다 보면 자신의 행동을 치료하는 데 큰 도움을 받을 수 있다.

앞의 P라는 환자가 퇴원하면서 적어 놓은 병상 일지에 이런 글귀가 있었다.

때로는 좌절하고 희망이 없는 것 같은 깊은 나락에 빠지기도 하지만, 다시 일어나 지루한 싸움을 계속할 것이다. 나의 병상 일지가 지금도 고통

받고 있는 환자들이나 보호자들에게 조금이나마 도움이 되었으면 하는 마음 간절하다. 아무리 어려워도 자살은 생각도 하지 말 것이며, 병이 완쾌될 때까지 꾸준히 치료하기를 바란다. 절대로 포기하지 말라. 자신을 갖고 노력하면 병은 꼭 고쳐질 것이다.

이처럼 청결을 위한 것이라 하더라도 그것이 아주 느리고 천천히 꼼꼼하게 반복하는 행동일 경우, 다른 증상에 비해 약물 반응이 좋지 않은 경우가 많다. 따라서 불안하더라도 참으면서 행동에 속도를 높이려는 노력을 꾸준히 해야 한다. 즉 약물 효과가 떨어질 때는 행동치료를 더 열심히 해야 한다.

확인하고 또 확인해도 안심이 안 돼
외출을 못한다

건망증과는 구분해야 하는 주부들의 확인 강박 행동

주부 K씨는 고등학교 동창들과 강남의 한 음식점에서 점심 약속이 있었다. 약속 시간에 늦지 않기 위해 자동차를 급하게 몰고 있었다. 일찌감치 집을 나왔건만 또다시 그 확인하는 습관 때문에 약속 시간에서 벌써 30분이나 늦은 상태였다.

K씨는 출발하기 전 네댓 번이나 가스레인지의 불은 껐는지, 수돗물은 잠갔는지, 마지막으로 방마다 전등은 껐는지를 확인하고 집을 나섰다. 동호대교를 지나 교차로를 지나려는 순간 신호등이 빨간 불로 바뀌어 갑자기 급정거했다.

"이놈의 신호등 때문에 더 늦겠네"라고 툴툴거리며 신호등이 바뀌기를 기다리는 순간, 갑자기 머리를 스쳐 지나가는 생각이 있었다.

가스레인지 불을 끄지 않은 것 같은데….

갑자기 K씨는 불안해지기 시작했다.

'아니야, 아까 집을 나오기 전에 몇 번이나 확인했지. 가스레인지의 꼭지를 왼쪽으로 돌려 불을 켜 보고, 또 오른쪽으로 완전히 돌려 불이 꺼졌는지 네 번이나 확인했잖아.'

K씨는 '내 기억이 맞아. 가스레인지는 확실히 끄고 나왔어' 하며 마음을 가다듬었다. 하지만 그것도 잠깐이었다.

'아니야. 내가 네 번째 가스레인지 꼭지를 오른쪽으로 돌려서 끌 때, 그다음 다시 확인하려고 왼쪽으로 돌린 후 그냥 둔 것 같은데… 만약 그렇다면 집에 불이 나는 것이 아닐까? 불이 나면 집은 어떻게 되지? 그동안 먹을 것 안 먹고 입을 것 안 입고 저축해서 겨우 집 한 채 장만했는데….

K씨는 도저히 불안해서 견딜 수가 없었다. 이제 약속 장소에 거의 다 왔는데, 불을 껐는지 다시 확인하지 않으면 미칠 것 같았다. 결국 교차로에서 차를 돌린 K씨는 다시 동호대교를 지나왔던 길을 되돌아 집으로 갔다. 문을 열고 집에 들어가자 가스레인지 불은 쥐죽은 듯 꺼져 있었다.

K씨는 다시 차를 몰아 약속 장소로 갔다. 물론 1시간 30분이나 지나서. 하지만 이제 친구들은 늦게 왔다고 탓하지도 않는다. K씨의 이 증세가 친구들 사이에 소문이 난 상태이기 때문이다. K씨는 '외출 전에 확실하게 점검해야지' 하고 다짐하고 또 다짐하지만 스스로도 다음에는 어떻게 될지 확신할 수가 없다.

텔레비전을 보다가 주부들이 외출 후 가스며 전기, 물 단속 등을 제대로 하고 나왔는지 의심쩍어 몇 번씩 확인해 본다는 이야기를 들은 적이 있다. 주부들은 자신이 건망증에 시달린다고 생각하지만 이런 증세를 건망증이라고만 하기는 어렵다. 건망증은 기억력이 떨어져 자신이 한 일을 까맣게 잊어버리는 것이지만, 늘 확인하고 또 확인하는 것은 건망증과는 좀 거리가 있는 강박 증세라 할 수 있다.

이런 주부들에게 나타나는 생활 속에서의 확인 행동 등은 비교적 약물도 효과적이고, 인지행동치료를 통해 크게 호전될 수 있다. 좀 불안하더라도 참고 견디면 자신이 과도하게 걱정하고 불안해한다는 것을 알게 되고, 그 불안이나 걱정이 현실적이거나 합리적이지 않다는 것을 깨닫게 된다.

내가 정말 제대로 알고 있는 걸까?

지식에 대한 끝없는 의구심, 그리고 끝없는 확인

어느 날 지적이면서도 예민해 보이는 청년이 진료실에 들어섰다. 서울의 한 대학에서 석사 과정을 밟고 있는 29세의 젊은이였다. 그는 고등학교 때부터 소설이나, 만화 등 그 또래의 청소년들이 좋아할 만한 책보다 철학적인 문제들을 탐구한 책을 더 좋아하고 많이 읽었다고 털어놓았다.

그는 진리는 반드시 존재하고 인류의 역사는 진리를 탐구하는 과정이었다는 생각에서 철학을 전공, 진리를 탐구하겠다고 마음먹었다고 한다. 진리의 발견이야말로 인류에게 빛을 가져다줄 수 있으며 이를 위해서는 논리적인 학문인 수학이 철학 탐구의 도구가 될 수 있다고 생각한 까닭에 대학에 갈 때도 수학과를 선택할 만큼 진지하게 인류의 앞날을 걱정하던 사람이었다.

하지만 너무 진지한 것도 병이 된다는 우스개처럼 이 환자 역시 진지함이 경계를 넘어 병이 된 케이스였다. 이 환자의 경우, 고등학교 때부터 보였던 예사롭지 않은 행동들이 대학에 들어가면서 하나히니 강박 증세로 나타났다. 예를 들면 전공 공부를 하다 하나라도 모르는 부분이 나오면 즉시 의문점을 해결하기 위해 이것저것 자료를 찾아보느라 진도가 나가지 않았다. 그래서 그의 책은 모두 앞부분에만 손때가 묻어 있을 뿐, 그 밖의 부분은 깨끗한 상태였다. 한 문제를 풀더라도 정확하게 풀어야 했으므로 계산법에 실수가 생기면 처음부터 다시 풀어야만 안정을 되찾을 만큼 과도한 완벽주의에 빠져 있었다. 환자가 작성한 병상 일지에는 자신의 증세가 잘 기록되어 있다.

아마 고3 때였을 것이다. 그때는 학력고사를 잘 치러야겠다는 중압감에 시달려 공부를 하면 꼼꼼하게 몇 번씩 확인해야 했다. 그러다 갑자기 주민등록번호를 잘못 써서 떨어지면 어떻게 하나라는 괜한 상상이 들기 시작해, 주민등록번호를 안 틀리게 외우려고 내 나름의 방식으로 암기하여 절대로 틀릴 수 없다는 확신을 가진 후에야 공부에 전념할 수 있었다

평범한 사람이 들으면 웃겠지만 내 주민등록번호인 71XXXX-1343513 중 뒤의 1343513이 헷갈릴 수 있다는 생각이 들어 두려웠다. 결국 나는 당시 88서울올림픽이 열리던 때라는 것과 고3이라 한자로 죽을 사(死)처럼 공부해야 한다는 사실에 착안, 1+3+4=8, 3+5=8, 1+3=4라

는 숫자를 분해하여 더하면 884라는 결론에 도달하여 외운 후에야, 시험 공부에 전념할 수 있었다.

대학에 입학한 후에는 수강 신청서 작성이나 시험 때 학번 쓰기, 학점 확인 등에 다른 사람보다 더 많은 시간이 필요했다. 이런 모습이 남들에게 는 대학 생활에 나름대로 충실한 모습으로 비쳤다. 그러다 회계사 자격증을 따야겠다는 결심을 하고 공부를 시작하게 되었다. 그런데 그 무렵 사귀던 여자 친구와 헤어지면서 스트레스를 많이 받은 데다 졸업 시험과 마지막 전공 학점 이수, 회계사 시험 준비 등으로 힘든 시간이 계속되었다.

이때부터 나의 강박 증세는 아주 심해졌다. 자꾸만 집중력이 떨어지고 항상 밤마다 깊은 나락으로 떨어지는 꿈을 꾸게 되어 3개월 동안 잠을 도저히 잘 수 없었다. 머리가 몽롱해지면서 회계사 시험을 보는데 주민등록 번호를 잘못 써서 떨어지는 상상에 사로잡혀, 항상 주민등록증을 꺼내 주민등록번호를 몇 번이나 쓰고 확인하는 습관이 생겼다. 또 학번을 잘못 써서 시험을 망치고 졸업을 못할 것 같은 두려움에 빠져 몇 번씩 확인해야만 직성이 풀렸다.

그때부터 혹시 내가 기존에 알고 있던 사실이 과연 맞는 것인가 하는 의구심이 생기기 시작했고, 잘못 알고 있어서 크게 낭패를 볼 수도 있다는 망상이 자꾸 떠올랐다. '만약 회계사가 된다면 구구단이 가장 중요한 기초 중의 하나'라는 생각으로 구구단을 몇 번씩 써 보기도 했다. 갑자기 구구단을 떠올리다가 머릿속에서 숫자가 탁탁 튀어나오는 게 참 신기하다는 느낌이 들면 그다음에는 머리 구조가 어떻게 정보를 입력해서 적절하게 출력하는지가 또 궁금해지고, 그다음에는 내가 어떻게 한국어로 이런 사고를 하게 되는지 참 의아하고 신기하고….

그때부터 나는 머리를 마치 컴퓨터라는 기계처럼 바라보게 되었고, 세상 모든 일을 정보를 받아들이고 출력하는 기계적인 활동으로 인식하게 되었다. 인생 문제나 사랑, 우정, 집안 문제 등으로 고민하는 대신 밤마다 주민등록번호나 학번, 그리고 군번, 구구단, 심지어는 집 주소와 전화번호 등을 외우고 확인하느라 잠을 자지 못하는 일이 비일비재했다.

머리는 지끈지끈 아프고 '내가 왜 이러지? 이럴 필요가 없는데' 하면서도 불안한 마음을 금할 길이 없어 자꾸만 내가 기존에 알고 있던 정보들을 재확인하는 데 시간을 보내게 되었다. 증세가 너무 심하다는 생각 끝에 일단 회계사 공부를 접어 두고 집에 내려가서 한 달을 쉬었다. 그러나 좀 쉬면 괜찮아질 것이라는 생각과는 달리 별다른 호전을 보이지 않았고, 거의 자살하고픈 충동까지 느꼈다. 결국 몸이 만신창이가 되어서야 부모님과 상의해서 병원을 찾게 되었다.

평범한 사람이 들으면 코웃음 칠 일이지만 이 환자는 어느 부분에서 과도한 집착을 보이기 시작하면 더 이상 다음 단계로 넘어갈 수 없었던 것이다. 이후 그는 병원에 다니다가 증세가 그다지 호전되지 않자 다시 집에서 은둔 생활을 했지만 결국 증세가 더 심해지면서 병원을 찾아와 집단인지행동치료에 참여했다.

집단인지행동치료 과정에서 다른 환자들을 만나면서 자신이 보기

나는 왜 나를 피곤하게 하는가

에 다른 사람의 강박 증상이 아무것도 아니듯, 다른 사람이 보기에 자신의 강박 증상도 아무것도 아닐 거라는 생각이 들기 시작하면서 조금씩 호전되기 시작했다.

이제 그는 의미 없는 숫자들을 어떻게 다루어야 하는지, 자신이 고통스러울 정도로 어떤 강박적인 사고나 행동을 하게 되면 어떻게 해야 하는지를 잘 알고 있다. 강박증을 예방하고 치료하는 데 있어 주위 사람과 마음을 툭 터놓고 이야기하고 서로에게 용기를 심어 주는 것만큼 중요한 게 없다는 걸 오랜 시간 끝에 터득한 것이었다.

특히 이 환자가 보이는 증상은 보통사람에게는 별것이 아닌데도 불구하고, 본인에게는 너무 중요하여 해결되지 않으면 다음 일을 진행하지 못하는 경우가 많다. 특정 생각보다는 머릿속에서 떠오르는 모든 생각에 붙잡혀 괴로워한다. 꼬리에 꼬리를 무는 생각, 그것과 연관되는 주변 생각들이 연속해서 나타나 도저히 생각을 멈출 수 없게 된다.

보통 사람들도 머릿속에 의미 없는 생각들이 떠오르곤 하지만, 대개는 의식하지 않고 저절로 억제하면서 현재 중요한 생각에 집중하게 된다. 하지만 이 환자처럼 중요한 것과 그렇지 않은 것을 가리지 못하고 모든 생각이 머릿속에서 꼬리에 꼬리를 물고 뒤엉킨다면 얼마나 괴로울 것인가.

내가 만든 틀에 내가 사로잡혀

특정한 숫자, 요일, 방향에 대한 집착

강박증 발병은 남녀 비율에 큰 차이가 없는 것으로 알려져 있지만, 지금까지 환자들을 만나 본 경험에 의하면 강박 증상으로 병원을 찾는 사람은 여자가 더 많은 것 같다. 특히 '여학생들에게 더 많이 나타나는 건 아닐까'라고 나름대로 추측하게 되는데, 이는 여학생들 가운데에 매사에 깨끗한 것을 찾는 결벽증이나 자로 잰 듯이 철저하게 규범에 따라 생활하려는 이들이 더 많기 때문이 아닌가 싶다.

얼마 전 진료실에 찾아온 K라는 여대생이 대표적인 경우라고 할 수 있다. 상담을 통해 이 여대생에게 강박 증세가 나타난 건 중3 때부터였다는 사실을 알 수 있었다. 아마도 고등학교 입시 준비로 인한 스트레스 때문이었을 것이다. 물론 모든 학생이 시험 준비를 하면서 스트레스를 받기는 하지만 성격이 예민한 아이들은 더 심한 압박감을 받는 것이 사실이다. 그 여대생의 일기를 보면 학교생활이 얼마나 힘들었을까 하는 안쓰러운 마음이 절로 든다.

중학교 때에는 목이 드러나는 것이 싫어 상의는 칼라가 있는 옷만 입었고 단추는 위에서부터 아래까지 모두 잠갔다. 특히 단추 부분이 살에 닿는 것이 유난히 신경이 쓰이고, 신경을 쓰다 보면 아린 느낌이 들어 옷을 입기가 힘든 적도 있다.

그리고 내 물건을 남에게 빌려주면 그 일에 신경이 쓰여서 공부를 제대로 할 수가 없었다. 그래서 친구들이 책을 빌려 달라고 하면 되도록 빌려주지 않으려 했고 꼭 빌려주어야 할 상황이라면 최대한 빨리 돌려받으려 했다.

수업을 받을 때 친구가 가방을 내 책상 옆에 가까이 두면 신경이 쓰여 참을 수가 없어서 굳이 치워 달라고 부탁한 적도 있는데, 친구들은 나의 행동을 이해하지 못하는 눈치였다. 이때까지는 나 자신도 그다지 이상하다는 느낌을 갖지 못했던 것 같다.

중3 때 한번은 학원에 책을 갖고 가는 걸 깜빡 잊어, 옆 친구에게 부탁해서 책을 같이 본 적이 있다. 바로 그때부터 내가 조금 이상하다는 것을 느끼게 되었다. 옆 친구와 책을 같이 본다는 게 자꾸 신경이 쓰였는데, 수업이 끝나고 집에 올 때는 거의 기진맥진해서 녹초가 되어 버렸다. 그날 학원에서 집으로 돌아오는 길에 밤이슬을 맞으며 내가 좀 이상하다는 생각에 너무 슬퍼서 막 달려갔던 기억이 난다.

모의고사를 볼 때면 내 앞에 앉은 아이가 답을 보여 달라고 했는데, 시험공부를 하다가 그 아이 생각이 나면 거의 병적으로 불안해지고 괴로웠던 적도 있다. 특히 시험공부를 하는데 갑자기 앞머리가 이마에 닿는 게 신경이 쓰여 앞머리를 가위로 자른 적도 있다. 시험을 볼 때는 너무 긴장해서인지 벨트가 신경 쓰였다. 벨트를 너무 조이면 답답한 것 같고 또 느슨하게 하면 헐렁한 것 같아 계속 조였다 풀었다 하느라 시험을 제대로 볼 수가 없었다. 무엇보다도 심장이 심하게 뛰어서 병원을 찾은 적도 있지만, 검사 결과 이상은 없었고 단지 예민하다고만 했다.

일상생활에서 나의 증세를 예를 들면, 수건은 언제나 내가 접는 방법으로 개서 반듯하게 놓아야 했고, 신발도 두 짝이 반듯하게 놓여 있어야 신경이 쓰이지 않았다. 만약에 그렇게 되지 않으면 그렇게 될 때까지 해야 했다. 양말은 특정 회사에서 나온, 내가 원하는 모양의 양말이어야 했고, 그 양말이 없어서 다른 양말을 신고 학교에 갔을 때는 괴로워서 미칠 것 같은 느낌도 받았다. 그래서 내가 아는 시장을 모조리 돌아다니면서 그 양말을 사러 다닌 적도 있다.

평소에 차던 쇠줄 시계가 고장이 나서 다른 시계를 차면 그것에 적응하기까지 상당히 오랜 시간이 걸렸다. 그래서 그냥 고장 난 시계를 차고 다니다가도 다른 사람이 보면 어쩌나 하는 생각에 걱정하며 지내기도 했다. 머리끈도 늘 쓰던 것만 써야 했다. 오래 써서 느슨해지기라도 하면 그것하고 똑같은 것을 찾으러 다녔다.

고등학교에 들어간 뒤에도 증세는 심해져만 갔다. 책을 학교에 놓고 다니면 혹시 다른 아이들이 가져가지는 않을까 신경이 쓰여서 그 무거운 영한사전이며 책들을 항상 들고 다녔다. 그리고 짝꿍의 책이 내 책상 쪽으로 넘어오면 신경이 쓰여서 수업을 제대로 듣지 못한 적도 한두 번이 아니다.

고1 겨울 방학 때부터 나를 가장 괴롭힌 것은 바로 시험 볼 때 답을 체크하는 일이었다. ①②③④ 보기에 답을 체크할 때 옛날에는 그냥 별생각 없이 답에 동그라미를 쳤는데 어느 날부터 보기의 숫자를 둘러싼 동그라미에 닿지 않게 동그라미를 그려야 했고, 크기도 내가 생각하기에 알맞아야 했으며, 동그라미를 그리는 방향은 언제나 시계 방향이어야 했다. 그 문제의 답을 뻔히 아는데도 나는 내 방식대로 답을 표시하기 위해 지우고 또 지우고 답을 원하는 방식으로 그려야 했기에 늘 시간이 모자랐고 나중에는 정신적으로 너무 지쳐 문제를 풀 수 없을 지경에까지 이르렀다.

성적은 나의 능력과 노력에 비해 계속 낮아졌고 다른 사람들은 그런 나를 이해할 수 없어 했다. 때로는 답안지를 하도 지워서 종이가 해져 구멍이 나기도 했다. 수학 능력 시험을 볼 때도 답을 체크할 때의 증상은 여전해서 나의 능력에 맞는 점수를 얻지 못했는데, 이러한 증상도 부정할 수 없는 내 존재의 일부라고 스스로를 위로하며, 대학에 가면 조금 자유로우니까 나아지리라 생각했다. 대학에 와서 물론 완전히 나아졌다고는 할 수 없지만 많이 호전되었고 원하는 공부를 그나마 자유롭게 할 수 있었다.

하지만 아직도 나는 5라는 숫자와 월요일, 그리고 방향은 오른쪽을 거의 병적으로 선호하고 있다. 예를 들어 책이 한 군데 찢어지면 나머지 네 군데를 찢어 다섯 군데를 찢어 놓아야 마음이 편하고, 중요한 약속이나 일은 월요일에 해야만 자신감이 생겨 모든 스케줄을 거기에 맞추려고 하니 보통 힘든 게 아니다. 방향은 왼쪽보다는 오른쪽이 더 좋은 쪽이라고 생각하여 손잡이는 늘 오른손으로 잡으려고 한다. 얼마 전까지는 휴대전화도 사용하지 못했다. 언제 신호음이 울릴지 모른다는 두려움 때문이었는데, 지금은 그나마 많이 나아져 사용하고 있다.

위의 여대생이 유별난 케이스라 할 수는 없다. 사람들 대부분이 어느 정도는 이 여대생의 성격과 유사한 면을 가지고 있다. 한여름에도 긴 셔츠를 입고 목 위까지 단추를 모두 잠가야 직성이 풀리는 사람도 있고, 지하철을 타면 몇 번째 칸, 몇 번째 문에 서 있어야 곧장 입구로 연결되는지 정확하게 역마다 계산해서 늘 그곳에 서 있어야 마음이 편한 사람도 있다. 수건은 가로로 먼저 접어 세로로 두 번 접을 것인지 아니면 세로로 먼저 접어 다시 가로로 두 번 접을 것인지, 자신이 늘 하던 방식대로 접어야만 직성이 풀리고 다른 사람이 접은 것도 다시 펴서 그렇게 접어야만 하는 사람도 있다. 이런 행동들은 정도의 차이는 있을지언정 정상적인 사람들에게도 언뜻언뜻 나타나는 가벼운 강박 증세라 할 수 있다.

무엇보다도 중요한 것은 개인의 성향에 따라 습관의 차이가 있다는 것을 인정하고 매사를 편하고 여유 있게, 그리고 긍정적으로 생각하도록 노력하는 것이다. 이런 증세들은 시간이 흐른다고 나아지지 않는다. 피하고 싶은 증세들과 적절하게 부딪쳐서 극복하는 것만이 초기의 강박 증세에서 벗어나는 길이라는 걸 다시 한번 강조한다.

나는 죄인이로소이다

종교의 규율을 어긴 신앙인의 강박 증세

일반적으로 신앙을 가진 사람은 종교적인 계율에 조금이라도 어긋나는 행동을 하면 괴로워한다. 예수회의 창시자인 성 이그나티우스(이냐시오) 로욜라는 원인 모를 죄책감 때문에 하루 8시간 이상을 무릎 꿇고 기도를 해야 어느 정도 죄책감이 줄어들었다고 한다. 《천로역정》으로 우리에게도 잘 알려진 존 번연의 《죄인에게 주시는 은총》이라는 자전적 소설을 보면 잠들어 있는 시간을 제외하고는 1년 내내, 단 1시간도 머릿속을 떠나지 않는 신앙에 대한 강박증으로 고통을 겪는 번연의 내면을 읽을 수 있다.

정신분석가인 프로이트도 강박증은 종교와 깊은 관계가 있다고 말한 바 있는데, 임상적으로 사우디아라비아나 이집트 등 종교적 계율이 엄격한 나라에서 자란 사람에게서 종교적인 강박 증세가 많이 나타난다는 정신의학계의 보고도 있다.

그러나 종교 자체가 강박증과 연관이 있다기보다는 너무 경직된 계율을 강요당하다 보니 인간의 사고방식이 경직되어 융통성이 없어지고, 이러한 환경적 요인이 강박증의 한 요인으로 작용할 가능성이 있다고 추정된다.

독실한 신앙생활을 하는 종교인들 가운데 강박 증세를 보여 병원을 찾는 이들이 종종 있는데, 24세의 L양 역시 이런 케이스였다.

증세가 시작된 것은 3년 전 겨울이었다. 겨울 방학 때 새벽 기도를 다녔는데 어떤 날은 늦잠을 자느라 가지 못하는 경우가 있었다. 그럴 때면 '하느님, 내일부터 꼭 나가겠습니다'하고 기도를 했다. 하지만 다음 날 비가 오거나 하면 일어나기 싫어 그냥 자 버리기도 했다. 그러면 하느님과의 약속을 지키지 못한 것에 대한 죄책감 때문에 무척 괴로웠다. 어쨌든 겨울 방학 때부터 마음이 무척 괴로워 나의 의지와 전혀 상관없이 매일매일 죽고 싶을 만큼 힘이 들었다.

예를 들면 하느님과는 전혀 상관도 없는 일인데 감기가 들면 일단 기도를 하고 그러고도 감기가 잘 낫지 않으면 하느님을 원망하고 욕하곤 했다. 이런 행동은 나의 의지와는 전혀 상관없는 것이기에 더욱 나를 힘들게 했다. 아무 이유도 없이 내가 위기에 처했을 때 주님을 공격하는 모습이 떠올랐다. 때로는 하느님을 망치로 마구 때리는 모습이 떠오르기도 했다.

이런 생각이 계속되면서 실제로는 나쁜 일을 하지 않았는데도 자꾸 죄책감이 들었다. 어떤 일이 죄가 아닌 것을 알면서도 왠지 죄가 될 것 같아 다시 확인해야 할 것 같은 생각에 사로잡히고, 잘못된 것을 알면서도 그렇게 하지 않으면 안 될 것 같은 생각 때문에 자꾸 확인을 반복해야만 했다.

이런 괴로움 때문에 학교가 끝난 후 교회에 가서 기도하는 일이 많았다. 어떤 때는 교회에서 기도 중에 방언을 달라고 하느님께 간구했는데, 그 후 나는 방언을 하기 시작했고 방언으로 기도하는 중 갑자기 몸이 움직이기 시작했다. 기도를 마친 후 집에 와서도 계속 기도하고 혼자 찬송가를 크게 부르기 시작했다. 내 몸에 귀신이 든 것으로 생각해 더 크게 찬송가를 불렀던 것이다.

나의 이상한 행동을 눈치챈 부모님이 집사님에게 나를 데려갔다. 나는 그분에게 기도를 받기 시작했는데, 왠지 믿음이 가지 않고 의심이 들었다. 그때쯤 나는 의지와 상관없이 말이 튀어나왔고 침도 많이 나오기 시작했다. 침이 많이 나오기 시작한 후 나 때문에 다른 사람이 피해를 보지 않을까 걱정이 되어 손을 무척 자주 씻게 되었고, 이때부터 손을 얼마만큼 씻어야 할지 감각이 흐려졌다. 그리고 침이 다른 사람에게 튀지는 않을까 무척 걱정되어 생활하는 데 너무 불편하고 괴로웠다. 주위의 권유로 병원에 다니면서 다시 교회에 나가게 되었다. 병원 약을 먹은 후 많이 좋아졌지만 몇 달이 지나니 더 이상 좋아지지 않는다. 아직 나는 더 좋아져야 한다. 지금도 어떤 일을 결정하고 나서 잘못 결정한 것 같아 계속 확인하고 있다. 아직까지 신앙생활은 힘이 든다. 기도와 성경 읽기, 찬송가 부르기 등이 잘 되지 않는다. 기도도 아침에 간신히 5분 정도 하고 성경도 조금씩만 읽고 찬송도 조금씩밖에 못 부른다. 빨리 나아서 편안한 마음으로 신앙생활을 잘할 수 있었으면 좋겠다는 마음뿐이다.

이 환자는 아직 병원을 꾸준히 다니고 있다. 그러나 기본적으로 종교적인 강박 증세에서 오는 질환은 그 환경적 요인이 제거될 수 없기 때문에 자칫 더 심한 강박 증세를 불러올 가능성이 매우 높다.

종교인들은 대체로 이런 질환이 생기면 병원에서 진료를 받기보다는 일단 신앙의 힘을 빌려 해결하려 하므로 증세가 아주 심해진 다음 병원을 찾는 경우가 많아 의사로서 안타깝다. 강박 증세가 나타나면 무조건 신앙의 힘에만 의지하려 할 것이 아니라 일단은 병원에서 진료를 받는 것이 좋다. 무슨 병이든 증세가 심각해진 다음에는 치료가 더 힘들어진다.

요즘엔 목사님이나 신부님, 스님들도 현대 의학에 관심 있고 이해도도 높은 편이라 신자들에게 병원 치료를 권하는 경우가 많지만, 과거에는 이 환자처럼 종교적 강박증이나 죄책감 때문에 상담을 받을 경우 신앙심이 부족해서 그렇다면서 더 열심히 기도할 것을 권고하곤 했다.

종교적 죄책감으로 나타나는 강박 증상인 경우, 이것을 없애기 위해 하는 기도는 강박 행동에 해당한다. 그러므로 강박 증상은 더욱더 심해진다. 강박 행동을 억제하면서 반복적으로 떠오르는 생각을 줄이

는 것이 행동치료인데, 오히려 강박 행동을 더 하게 하여 증상을 악화
시키는 우를 범한 사례들이었던 것이다.

나는 사소한 일에 목숨을 건다

완벽주의자에게서 많이 나타나는 강박적 성격장애

'저 사람은 너무 사소한 것에 집착해'라는 이야기를 자주 듣는 사람이 있다면 자신의 성격을 가만히 되돌아보자. 그런 사람은 대개 매사에 완벽해지려고 노력하는 완벽 지향적인 사람이며, 한 치의 오차도 없이 사회 규범을 지키려고 노력하는 모범적인 인간형이다. 또한, 문제를 해결하는 데 있어 융통성이 없고 원리 원칙만을 고집하는 사람이기 쉽다.

이런 경향이 심할 경우 의사들은 '강박적 성격장애'라는 진단을 내리는데 흔히 이런 사람들 가운데에는 이른바 '일벌레'가 많다. 이들의 성격은 대개 감정 표현이 별로 없고, 결정을 빨리 하지 못해 항상 우유부단하며, 너그럽지 못하고 인색한 것이 보통이다. 또한, 필요 없는 물건도 잘 버리지 못해 집 안에 쓰지도 않는 옛날 물건들이 쌓여 있는 게 보통이다.

대기업 부장인 50대의 J씨는 심한 우울증에 빠졌다. IMF 때문에 회사를 그만두는 동료나 후배들이 많아지면서, 앞만 보고 일해 온 자신이 갑자기 왜 사는지, 무엇 때문에 사는지 회의가 들기 시작했다. J씨는 성격이 꼼꼼해 실수 없이 완벽하게 일을 처리하며 항상 규칙적이어서 결근이나 지각을 한 번도 해본 적이 없다. 주말도 없이 열심히 일하고, 심지어는 휴가 기간에도 못다 한 일을 처리하기 위해 회사에 출근할 정도여서 사장에게 신임을 받아 비교적 승진도 빠른 편이었다.

그러나 다른 사람이 보는 모습과는 대조적으로 정작 본인은 자신이 항상 우유부단하며 결정을 잘 내리지 못한다고 생각하고 있었고, 때로는 지나치게 꼼꼼하며 사소한 것에 집착하여 오히려 큰 것을 놓쳐 버리는 경우도 있다면서 고민하는 편이었다.

J씨는 이런 고민에다 앞으로 얼마 남지 않은 직장생활에 대한 회의까지 겹쳐 괴로워하다가 심각한 우울증에 빠져 상담실을 찾아왔다.

사람들이 궁금해하는 것 가운데 하나는 강박적인 성격이 나중에 강박증으로 발전하는가에 관한 것이다. 1960년대에 정신과 의사인 잉그람이 조사한 결과에 따르면 강박증 환자의 약 3분의 1이 병으로 발전하기 이전에 심한 강박적 성격을 가지고 있다고 하여 강박적 성격과 강박증은 밀접한 관련이 있다는 주장을 편 적이 있다. 그러나 최근 연구에 따르면 강박증과 강박적 성격은 확연히 구분되는 현상이며, 강박적 성격은 강박증으로 발전하기 위한 필요조건도 충분조건도 아니라는 데 의견이 모아지고 있다. 즉 '강박적 성격장애'가 있다고 강박증이 생기는 것은 아니다.

위의 J씨 역시 '강박적 성격장애'가 보이긴 하지만 이런 증세를 강박증이라고 보기는 어려우며 단지 남성들이 흔히 겪는 정년퇴직 증후군이 복합적으로 작용하여 우울증에 빠진 것으로 보인다.

매사에 완벽하려고 노력하는 것은 당연하지만 이것이 지나쳐서 병이 된다면 인생 자체를 잃어버릴 수도 있다는 사실을 잊지 말아야 할 것이다.

내 아이를 내가 찌를 것 같아 두려워요

머릿속으로만 하는 강박 행동

진료실에 찾아오는 여러 사람을 만나다 보면 굉장히 다양한 강박 증세에 새삼 놀랄 때가 많다. 그중에서도 얼마 전 병원을 찾았던 한 젊은 주부는 유별나게 기억에 남는 환자였다.

그녀는 해산한 지 얼마 안 된 것처럼 푸석푸석한 모습으로 상담실에 들어섰다. 태어난 지 3개월 된 아들을 둔 그녀는 자신이 뾰족한 칼이나 연필 같은 것으로 아들을 찌를 것 같은 생각이 자꾸 들어 두려움에 떨고 있다고 무척 힘들게 고백하며 자신에게 무슨 정신적 질환이 있는 것은 아닌지 물어 왔다.

아기를 기르느라 얼마나 스트레스를 받았으면 그런 두려움에 떨고 있을까 하는 안쓰러운 마음이 들어 그녀의 두려움 섞인 하소연을 한

나는 왜 나를 피곤하게 하는가

참이나 들어 주었다. 그녀는 아들을 자꾸 찌를 것 같은 생각이 들자 아예 아이와 둘이 있는 것이 두려워졌고 자기 생각이 틀렸다는 걸 확인받으려고 하루에도 몇 번씩 전화로 남편과 주위 사람들을 괴롭히고 있다는 것이었다.

육아에 대해 아무것도 모르는 젊은 엄마가 첫아기를 기를 때 받는 스트레스의 강도는 다른 어떤 스트레스와 비교해도 결코 약하지 않다. 육아가 온전히 엄마만의 책임으로 인식되는 우리 현실에 비추어 보면 그 스트레스의 강도는 더 심하다 하겠다.

강박 증세를 보이는 사람들은 흔히 책임감이 지나치며 위험에 민감하고 위험의 부정적인 결과만을 확대 해석하는 경향이 강하다.

엄마들이 아이를 기르다 보면 아이에게 해를 입힐 만한 물건 등에 신경이 쓰이게 마련인데 강박 증세가 있으면 이 위험의 가능성을 미리 예민하게 느끼게 되며, 일어날지도 모르는 좋지 않은 상황을 모두 자신의 책임으로 확대 해석하는 경향이 있다. 따라서 지금 자신의 상황을 회피하고 싶은 마음이 들어 육아가 힘들어진다.

강박 증세가 있는 사람들은 자신의 생각을 완벽하게 조절하려고 하므로 강박적인 생각이 들면 이를 억누르려고 한다. 물론 잠깐 동안은 억제가 가능하다. 그러나 곧 강박적인 생각이 더 강하게 나타나고 생각을 억누르려고 할수록 오히려 그 생각이 반복적으로 강화될 따름이다. 따라서 불안한 생각이 잠깐 스쳐 지나가면 그것을 억누르려 하지 말고 그냥 내버려두는 것도 강박 증세를 치료하는 방법이다.

나는 에이즈가 무섭다

현대인을 공포에 떨게 하는 새로운 강박 증세

어느 날 친하게 지내는 피부과 의사로부터 환자 한 명을 좀 봐 달라는 부탁을 받았다. 24세의 남자 J씨는 자신이 에이즈에 걸렸을지도 모른다며 그런 생각을 하게 된 이유에 대해 비교적 자세하게 털어놓았다. 약 8개월 전, 우연히 종로를 걷다가 건장한 미국 청년을 만나게 되었고, 그날 J씨는 그 청년과 동성애 관계를 가졌다고 했다.

며칠 후 신문에서 에이즈에 관한 기사를 읽은 그는 갑자기 불안해졌다. 자신이 에이즈에 걸렸을지도 모른다는 생각이 계속 들었고 이후 그 생각에서 벗어날 수가 없었다. 자신의 성기에 계속 신경이 쓰였고, 때로는 그곳이 따끔거리고 화끈거리는 것 같아 자신이 에이즈에 걸렸을 확률이 높다는 생각이 들었다.

그리고 다시 며칠 후 얼굴에 조그만 발진이 나타나자 J씨는 두려움과 공포 속에 자신의 에이즈 감염을 기정사실화하게 된 것이다.

사실 J씨는 대학 신입생 환영회 때 술을 많이 먹고 선배들과 함께 매춘 여성과 성관계를 한 적이 있다. 당시 그는 성병에 걸린 것 같은 생각에서 벗어날 수가 없어 병원을 전전하며 검사를 해보고 약도 먹었지만, 불안감이 몇 개월 이상 계속되었다고 한다.

J씨는 에이즈 혈청 검사를 했으나 음성으로 나타나자 결과를 믿을 수 없다며 다른 병원을 찾았다. 네 군데에서 검사를 받았지만, 결과는 모두 음성이었다. 하지만 그는 검사가 잘못되었거나 아직 양성으로 나타날 시기가 되지 않았다고 생각했다. 어떤 때에는 자신의 혈청이 다른 사람의 혈청과 바뀌었다는 억지를 부리기도 했다.

최근에는 에이즈 치료에 효과가 있는 약들이 보고되고 있고, 여러 약물을 동시에 사용하여 효과를 보기도 하여, 에이즈에 걸려도 치료를 하면 비교적 건강하게 생활할 수 있다. 하지만 과거에는 뚜렷한 치료약은 없는 상황에서 일단 에이즈에 걸리면 대개는 사형 선고를 받은 것으로 생각하므로 에이즈에 대한 공포는 대단했다.

이는 J씨만이 아니다. 더러운 것에 대한 공포를 가진 강박증 환자인 경우 자신도 모르게 에이즈에 걸릴 수 있다고 생각하는 사람이 많다. 공중화장실을 사용하면 변기를 통해 전염될 수 있다고 생각하기도 하며, 심지어는 공기를 통해서 전염될 수 있다는 비과학적인 생각도 한다. J씨는 에이즈에 대한 강박사고가 나타나기 전에는 비교적 건강하던 사람인데 최근 동성과 성관계를 맺고는 그 스트레스로 강박 증세가 나타난 것으로 보아 강박증에 걸릴 소인을 가지고 있었을 가능성이 크다. 즉 J씨는 마음속에 내재되어 있던 불안감이 에이즈라는 병을 통해 투사된 것이라 할 수 있다.

나는 왜 나를 피곤하게 하는가

2

나는 왜 나를 통제하지 못하는가

1장

강박증, 도대체 어떤 병이기에

강박증이란 무엇인가

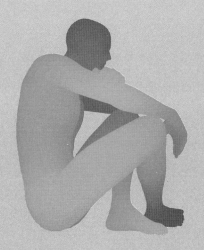

강박증은 뇌의 억제력 부족에서 온다

강박증의 정의와 원인

강박증이란 '본인이 원하지 않는데도' 마음속에 어떠한 생각이나 장면 혹은 충동이 반복적으로 떠올라 이로 인해 불안을 느끼고, 그 불안을 없애기 위해 반복적으로 일정한 행동을 하는 질환을 말한다. 예를 들면 더러운 것이 묻어 병에 걸릴 것 같은 생각에 손을 자주 씻는다든지 아니면 반복적으로 샤워를 한다든지 하는 경우가 이에 해당한다.

강박증은 정신병이 아니다. 정신질환은 크게 정신병과 신경증(노이로제)으로 분류한다. 정신병의 대표적인 질환은 조현병과 조울증이다. 신경증은 흔히 노이로제라고 하는데 불안장애, 히스테리, 신체형장애 등이 여기에 속한다. 물론 지금은 이러한 분류를 더 이상 사용하지 않는다. 신경과학의 발달로 뇌의 이상을 밝히고 이를 교정함으로써 치료하는 현대 정신과학에서는 이런 분류가 무의미할 수 있다. 하지만 일반적인 정신질환의 이해를 위해서는 이런 분류가 도움이 된다.

정신병에 걸린 사람은 보통 현실감이 없고 자신의 증상에 대한 인식이 전혀 없기 때문에 본인은 고통을 느끼지 못하는 경우가 많고, 인격 파탄이 나타난다. 반면에 신경증은 자신의 행동이 이상하고 불합리하다는 점을 환자 자신이 잘 알고 있고, 현실감이 있으며, 인격이 온전하게 보존된다.

강박증은 그 누구보다도 환자 자신이 가장 고통스러우며 자신의 증세로 인해 불편함을 느낀다. 스스로 자신의 증상을 조절할 수 없고, 마치 어떤 큰 힘에 의해 자신이 원하지 않는 생각이 머릿속에 들어온 것 같은 느낌을 받는다. 이런 측면에서 강박증은 신경증, 즉 노이로제의 일종이라고 할 수 있다. 그런 생각이 억제되지 않고 자꾸 반복적으로 들기 때문에 스스로 생각을 조절하지 못한다. 심한 불안감을 견디기 어렵고 그래서 이런 불안을 없애려고 노력하는 것이다.

이 책을 다 읽고 나면 이해가 되겠지만, 강박 증상의 핵심은 불안이 아니라 반복적으로 드는 생각을 억제하지 못하는 것이다. 그러나 환자들은 이를 이해하지 못하고, 불안감이 드니 그것을 없애는 것에 노력을 집중한다. 이 때문에 강박 증상은 더욱 심해지고 공고해진다.

불안이 없는 완벽한 현실 세계는 없다. 항상 어느 정도의 불안은 동반된다. 즉, 불안은 그냥 존재하는 것이다. 문제는 특정한 생각이 자꾸 반복적으로 떠오르는 것인데, 이는 생각을 불러오는 힘이 너무 강하든지, 아니면 이런 생각이 부질없다고 느껴 억제해야 하는데 억제가 잘 안 되기 때문이다. 따라서 강박증은 피질하구조들의 힘이 너무 세거나 혹은 억제를 담당하는 전전두엽의 힘이 약해서 나타난다고 볼 수 있다. 이에 대한 설명은 뒤에서 계속될 것이다.

강박은 왜 생기는 것일까?

강박증이 왜 생기는지에 대해 처음으로 합리적 설명을 한 사람은 자네와 프로이트다. 1900년대 초 프랑스의 정신과 의사였던 피에르 자네(Pierre Janet)는 강박증은 '정신적으로 피로하여 자신의 생각을 스스로 조절하는 능력이 저하되면' 생긴다고 주장했다.

현재까지 강박증의 원인에 대한 이론은 몇 가지가 있지만 100% 정설이라고 주장할 수 있는 이론은 아직 존재하지 않는다. 최근에 와서 뇌의 신비가 하나씩 밝혀짐에 따라 그 원인이 조금씩 드러나고 있을 따름이다.

현재까지 제기된 강박증의 원인에 대한 가설 가운데 정신역동적 측면, 학습이론적 측면, 그리고 뇌의 질환으로서의 측면을 간략히 살펴보는 것은 강박증을 이해하는 데 도움이 될 것이다.

정신역동학적 이론

정신역동이란 겉으로 드러나는 증상을 심리적인 측면에서 합리적으로 설명하는 방법이다. 프로이트는 강박증을 무의식적 충동에 대한 방어 현상이라고 설명했다. 엄마와 아이의 관계에 초점을 둔 설명으로, 대소변 가리기를 해야 할 시기에 대변을 간직하기를 원하는 아이가 변을 보기를 강요하는 어머니에 대해 적대적인 감정을 갖게 되는데 이것이 강박 증상으로 나타난다고 했다. 즉 가혹한 대소변 가리기 훈련이 강박증의 증상과 관련된다는 것이다.

또한, 강박증 환자는 엄격한 초자아(superego)를 가지고 있다고 한다. 초자아란 사람으로 하여금 비도덕적이거나 양심에 어긋나는 일을 하지 못하게 하는 정신 활동의 파수꾼과 같다. 강박증 환자가 보이는 융통성 없고 경직된 생각과 행동은 엄격하고 가혹한 초자아와 관련이 된다.

하지만 이러한 이론적인 근거에 의한 전통적인 정신치료가 강박 증상 자체를 크게 호전시키지는 못하는 것으로 보고되고 있다.

학습이론

이 이론에 따르면 강박 증상은 불안을 감소시키려는 학습된 반응이라는 것이다. 마음속에 불안을 일으키는 생각은 정상적으로 누구에게나 스쳐 지나갈 수 있다. 또한, 대부분의 경우 시간이 지나면 불안은 저절로 감소하게 된다. 그러나 강박증 환자들은 일시적으로 나타나는 불안을 없애기 위하여 강박행동을 하게 된다. 이런 행동은 일시적으로 불안을 감소시킬 수 있지만, 다음에 다시 같은 생각이 스쳐 지나가면 똑같은 강박행동을 하지 않고는 견딜 수 없게 된다. 이미 강박적인 행동으로 불안이 없어지는 경험을 했기 때문이다. 따라서 강박행동은 반복적인 학습의 결과인 셈이다. 하지만 학습이론을 주장하는 사람들은 오직 겉으로 드러나는 강박행동에 초점을 두고, 그 행동 자체를 없애기 위해 노력하는 것을 중요시하는 나머지 심리적인 면은 무시하는 경향이 있다.

뇌의 질환

약 20년 전만 하더라도 강박증이 뇌의 이상 때문에 발병한다고는 아무도 생각하지 못했다. 당시 미국 전역을 휩쓸었던 '폰 이코노모 뇌염'이라는 병을 앓은 환자들에게 파킨슨병, 운동장애와 강박 증상 등의 여러 신경학적인 후유증이 나타났다고 한다. 이후 일부 학자들이 뇌의 이상과 강박증 사이에 어떤 관계가 있으리라 추측했을 뿐, 그 상관관계를 밝혀내는 데는 성공하지 못했다.

공식적으로는 '정신이 항문기로 퇴행'하는 과정에 의해 발생한다는 프로이트의 정신역동적 이론이 그대로 받아들여지고 있었다. 그러나 이러한 설명은 일반인은 물론 의사들도 이해하기 매우 힘든 이론이었음이 틀림없다.

1990년대에 들어오면서 연쇄상구균에 감염된 아이들이 강박 증상을 보인다는 미국 국립보건원의 보고가 나왔으며, 이 균에 감염된 후 연속적으로 촬영한 뇌 사진에서 기저핵(basal ganglia)의 크기가 클수록 강박 증상이 더 심해졌다는 연구 결과도 발표되었다. 오랫동안 밝혀지지 못했던 강박증의 원인 규명에 일대 혁신이 일어난 것이다.

하지만 뇌염이나 연쇄상구균에 감염되었다고 해서 모든 사람이 강박 증상을 보이는 것은 아니다. 어째서 같은 균에 감염되어도 어떤 사람은 강박 증상을 일으키고 어떤 사람은 일으키지 않을까?

강박증과 연쇄상구균과의 관계를 연구하고 있는 미국 국립보건원은 최근 흥미 있는 연구 결과를 보고했는데, 같은 상황에서 강박 증상의 출현 여부는 유전과 밀접한 관련이 있다는 것이다. 즉 유전적으로 강박 증상이 발현될 인자가 있는 상태에서 어떤 계기에 의해 증상이 나타나는 것이라고 할 수 있다.

이제 강박증은 무의식의 갈등이라는 모호한 원인에 의해서 나타나는 것이 아니고, 뇌의 특정 부위의 화학 물질(이를 신경 전달 물질이라 한다)의 이상에 의하여 나타난다는 것이 밝혀진 것이다. 이제는 누구도 강박증이 뇌의 이상에서 나타나는 뇌 질환임을 부인하지 않는다.

강박증이 뇌의 질환이라는 사실이 중요한 이유

강박증이 뇌의 이상으로 발병된다는 사실은 강박증을 가지고 있는 개인에게는 중요한 의식의 변화를 가져온다. 이 질환이 사회적으로 '미친 사람'으로 낙인찍히는(?) 정신질환이 아니라 뇌의 이상에서 비롯되는 것이라면 굳이 이 병을 숨길 이유도 없고 죄책감을 가질 이유도 없기 때문이다.

'병은 자랑해야 낫는다'는 말이 있을 정도로 우리나라 사람들은 신체적인 질병에 대해서는 남에게 이야기하기를 좋아한다. 하지만 유독 정신질환에 대해서는 백안시하는 사회 분위기 때문에 많은 사람이 정신과에서 진료를 받는 것은 물론 정신질환에 관해서 이야기하는 것조차 꺼리는 것이 우리의 현실이다. 상황이 이렇다 보니 환자들이 강박증을 숨기고 싶어 하는 이유도 이해할 만하다.

그러나 신체적인 원인에서 강박증이 생긴다고 하면 상황은 달라진다. 잘못된 뇌의 상태를 바로잡으면 되기 때문에 환자 자신이 마치 무슨 죄라도 지은 듯한 느낌을 갖지 않아도 되는 것이다.

하지만 아직도 많은 환자가 강박증이 생긴 것을 자신의 잘못으로 생각하고, 심지어는 자신을 범죄자로 여기기도 한다. 강박증 환자가 너무나 쉽게 죄책감을 느끼게 되는 이유가 바로 여기에 있다.

이제 강박증은 뇌의 신경 전달물질의 균형이 깨진 신체적인 질환이라는 사실이 밝혀졌다. 따라서 환자 자신이 책망받을 이유는 그 어디에도 없는 것이다.

최근 뇌영상술이 발달하면서 강박증 환자의 뇌 이상에 관한 연구들이 활발하게 이루어졌다. 그 결과 전두-선조-시상-전두엽으로 연결되는 신경회로에 문제가 있다는 사실

세로토닌 회로와 강박증의 뇌 이상 부위

이 밝혀졌다. 이 회로의 작용은 외부 정보, 즉 새로운 자극이 들어오면 기존의 행동을 중지하고 새 자극에 반응하는 것이다. 이것이 정상적인 기능이다. 하지만 강박증 환자는 외부에서 새로운 자극이 들어와도 그에 반응하지 않고 기존 행동을 지속한다. 즉, 외부 자극에 적절히 반응하는 정신 작용이 자극의 타이밍과 잘 맞지 않아 같은 행동을 반복하게 된다. 문제는 강박적인 생각이 의도와 무관하게 지속해서 나타나는 것인데, 대개 이러한 충동은 피질하 부위에서 올라오는 충동과 관련이 있다. 보통은 전두엽이 이러한 충동을 적절히 억제하지만, 강박증 환자에게서는 이러한 억제 기능이 제대로 작동하지 않는 것이다.

또한, 강박증이 있는 사람들은 전두-선조-시상-전두엽 회로에 정보 과부하가 빈번하게 발생한다. 도로에 비유하자면 왕복 10차선 도로라면 자동차들이 5차선 정도를 오가야 적절한 속도를 낼 수 있는데, 10차선을 꽉 메우고 있어서 지나치게 부하가 걸려 있는 셈이다. 약물로 치료가 잘 안 될 때 시행하는 수술적 처치나 신경조절술은 과부하가 걸린 신경회로의 일부를 손상시켜 정보 교환을 줄여주는 치료법이다. 즉, 강제로 10차선을 5차선쯤으로 만들어 자동차들, 즉 정보가 교환되는 것을 줄임으로써 증상을 호전시키는 것이다.

강박증과 관련된 회로는 세로토닌 신경세포가 많이 분포된 부위들이다. 세로토닌은 우울증과 관련 있다고 설명한 바 있는데, 양전자단층촬영영술(PET)로 촬영해 보니 세로토닌 신경계에서 세로토닌과 세로토닌 수용체 등에 이상이 발견되고, 이를 교정하는 선택적 세로토 닌 재흡수차단제(SSRI)인 프로작, 졸로프트, 파록세틴 등의 약물로 강박 증상 호전이 증명되기도 한다.

하루 1시간 이상은 증상이 나타나야 강박증으로 진단

강박 증상은 강박 생각, 혹은 강박사고(obsession)와 강박행동 (compulsion)으로 나눌 수 있다. 강박사고와 강박행동을 모두 가진 경우가 많지만, 간혹 어느 한쪽만 나타나는 환자도 있다.

증상이 있다고 하여 모두 강박증으로 진단을 내리는 것은 아니다. 강박증으로 진단하는 기준이 있는데, 정신과 영역의 진단체계의 하나 인 미국 정신의학회의 진단 기준에 의하면 적어도 하루에 1시간 이상 은 강박 증세 때문에 실제 생활에 어려움을 겪어야 한다. 1시간으로 명확히 구분해둔 것은 아니지만, 적어도 하루 1시간 정도는 강박 증상 으로 생활에 어려움을 겪어야 병으로 진단할 수 있다는 의미이다. 강 박 증상은 보통 사람에게도 흔히 나타날 수 있는 증상이기 때문이다.

증상이 심한 환자는 하루 종일 강박사고나 행동에 매여 아무 일도 못 하는 경우도 많다. 하지만 대부분의 강박증 환자들은 자신의 증상 을 숨기고, 남에게 드러내는 것을 싫어하기 때문에 겉으로 잘 드러나 지 않는 게 보통이다. 따라서 강박증을 가진 상태로 어렵게 일상생활 을 꾸려나간다.

나는 왜 나를 통제하지 못하는가

강박 증상의 종류

씻고 또 씻고, 확인하고 또 확인하고

일반적으로 '행동'이라고 하면 어떤 생각이 떠올랐을 때 그 생각을 실천에 옮기거나 혹은 그 생각에서 벗어나기 위해 취하는 구체적인 신체 동작을 가리킨다. 자신의 의지와 관계없이 무의식적으로 행해지는 움직임은 여기에 포함되지 않는다.

강박증의 경우 강박적 사고가 사람을 불편하게 만들면 그 불편에서 벗어나고자 강박행동을 하게 된다. 그러나 결국 이러한 행동이 불안이나 불편함을 완전하게 없애 주지는 않기 때문에 이를 없애기 위해 반복적으로 행동하는 경우가 많으며, 결국 그것이 너무 지나쳐서 문제가 발생하는 것이다.

이때 강박행동은 자신이 만들어 놓은 틀에 따라 일정하게 행동하는 경우가 많다. 이렇게 강박행동을 하는 순간에는 긴장, 불편감, 불안감, 공포감 따위가 그 순간이나마 줄어들기 때문에 계속하게 되는 것이다. 흔하게 나타나는 강박 증상으로는 다음과 같은 것들이 있다.

청결 강박 행동

강박 행동 가운데 가장 많이 나타나는 증상으로 더러운 것에 대한 공포, 걱정과 이에 따른 행동을 말한다.

괜히 몸에 더러운 것이 묻은 것 같은 느낌 때문에 씻고 또 씻고, 외출했다가 집에 돌아오면 옷이 더러워진 것 같아 반드시 옷을 다시 세탁해야 한다. 바깥에서는 화장실 근처만 지나가도 온몸이 더러워진 것 같아 씻어야 하므로 당연히 화장실은 가지 못하고 참았다가 집에 와서야 볼일을 본다. 한 번 씻기 시작하면 심한 경우 비누를 서너 장 이상 쓰는 경우도 있으며, 샤워를 8~9시간씩 하기도 한다.

자신의 몸을 지나치게 씻는 것, 집 안이나 물건이 더럽다고 하루에도 몇 번씩 쓸고 닦는 것, 더럽다고 생각되는 것들은 자신의 몸이 당장 불편해져도 없애거나 피하는 행동을 말한다.

확인 강박 행동

그다음 많은 것이 의심과 이에 따른 확인 행동이다.

문은 잠갔는지, 가스는 끄고 나왔는지, 수도는 잠그고 나왔는지 의심이 되어 확인하고 또 확인하는 행동을 반복한다. 문을 잠갔는데도

안 잠근 것 같아 몇 번씩 확인하고, 그것도 부족하여 외출하다 다시
돌아와 확인한다. 확인하는 순간에는 안심하지만 돌아서면 또다시 의
심이 들고 불안해진다.

반복 행동

어떤 상황에서 자신의 행동을 결정하지 못하고 우유부단하게 우왕
좌왕하는 행동이다.

예를 들어 옷을 입었다가 벗었다하기를 반복하거나, 문을 열고 들
어갔다 나갔다하기를 반복한다든지 혹은 물건을 반복해서 만져 보는
행동 등을 일컫는다.

사물 정렬 행동

물건들이 제자리에 있지 않거나 제자리에 있더라도 대칭이 맞지 않
거나 하면 불안하여 어쩔 줄 모르는 행동이다.

이런 증세를 보이는 사람들은 모든 것을 대칭으로 두어야 안심이
된다. 책을 두더라도 책상에 직각으로 두어야 하고, 모든 물건을 놓을
때는 항상 직각이나 대칭이 되어야 한다. 만약 그렇게 되어 있지 않으
면 무언가 나쁜 일이 일어날 것 같은 두려움 때문에 견딜 수 없다. 어
떤 경우에는 대칭이 되면 오히려 불안한 경우도 있다.

이런 사람들은 대개 자신의 정리 정돈 습관대로 대칭이나 높이 등
을 맞추어 가지런하게 정리해 놓고는 매일 정리 정돈만 하며 지내는

경우가 많다.

모아 두는 행동

자신에게 별로 필요하지 않은 물건도 버리지 못하고 무조건 모으기만 하는 탓에 집 안을 잡동사니들로 가득하게 만드는 행동이다. 쓰레기, 휴지, 부스러기 등도 버리지 못해 모은다. 최근 발표된 미국 정신의학회-5판 진단분류에 의하면 물건을 버리지 못하고 모으는 행동이 심하면 이를 저장장애(hoarding disorder)라고 따로 분류하기 시작했다. 이는 단순히 강박증의 증상의 하나로 여기기보다 좀 더 특이하고 독립적인 증상일 수 있다는 것이다. 일반적으로 저장 강박 증상은 약물 반응이 좋지 않고, 인지행동치료에도 저항하는 경우가 많아 치료에 어려움을 겪는 경우가 허다하다.

머릿속으로만 하는 강박 행동

불안감을 없애기 위해 머릿속에서는 어떤 생각을 끊임없이 하고 있다. 이런 생각들 중 비교적 자주 나타나는 것이 폭력적인 생각이다. 예를 들어 주위의 칼이나 연필 같은 뾰족한 물건이 있으면 그 물건으로 아이를 찔러 죽일 것 같은 두려운 생각이 반복적으로 들어 아이를 돌볼 수 없는 경우가 있으며, 또는 아이를 데리고 높은 곳에 올라가면 아이를 던져 버릴 것 같은 생각이 자꾸 드는 경우도 있다.

이외에도 숫자에 대한 강박 관념은 특히 개인적인 의미를 가지는

나는 왜 나를 통제하지 못하는가

경우가 많은데, 흔히 4자와 관련되는 것이 있으면 나쁜 일이 생길 것 같아 4자와 관련된 일을 할 수 없는 경우도 엄밀한 의미에서 강박적 행동이라 할 수 있다. 의자에 앉을 때에도 4번째는 항상 피하고, 4각형의 도형을 보면 연필로 둥글게 만들든지 삼각형, 또는 오각형으로 바꾸어 버려야 안심이 된다면 숫자와 관련한 강박적 행동이라 할 수 있다. 7자를 좋아하여 이 숫자가 들어가면 항상 일이 잘된다고 생각하는 것도 일종의 강박 증상이라 할 만하다. 일종의 징크스와 비슷한 것이기도 하다. 강박행동의 횟수가 숫자와 관련이 있는 경우도 있다. 의심이 드는 경우에는 꼭 자신이 좋아하는 횟수만큼 확인해야 비로소 안심이 되는 것이다.

강박증 환자는 머리가 좋다?

강박증에 관한 잘못된 생각 몇 가지

여자가 더 많이 걸린다?

일반인들이 생각할 때 강박증은 남자보다 여자가 더 많이 걸릴 것이라고 생각하지만, 남녀의 비율은 거의 비슷하다고 할 수 있다. 일반적으로 강박증은 성별에 따른 차이가 없으며, 다만 어린아이인 경우, 남자가 여자보다 많이 발병한다. 즉, 남자의 강박증이 여자보다 좀 더 일찍 발병한다고 할 수 있다.

신앙인은 강박증에 더 걸리기 쉽다?

캐나다 맥마스터 대학의 마틴 앤터니는 자신의 클리닉 환자들이 믿는 종교를 분석한 연구 결과를 내놓았는데 환자들이 믿고 있는 종교로는 가톨릭 30.1%, 신교 24.1%, 힌두교 1.2%, 유대교 3.6%, 이슬람교 3.6%, 불교 1.2%, 그리고 나머지는 다른 종교를 가지고 있었다고 한다. 이는 일반인들을 대상으로 조사한 각 종교 인구의 비율과 큰 차이가 없었다고 한다.

프로이트는 강박증과 종교가 깊은 관계가 있다고 생각했는데, 굳이 프로이트의 말이 아니더라도 사우디아라비아나 이집트처럼 엄격한 계율을 지켜야 하는 종교 국가에서 자란 사람들이 종교적인 강박 증상을 많이 보인다는 보고도 있다. 그러나 종교와 강박증과의 관계가 직접적이라기보다 종교의 경직된 계율이나 사고가 사람들을 융통성 없이 만들 수 있으며, 이러한 환경이 강박적 사고를 가지게 할 가능성을 높인다고 할 수 있다.

강박증 환자는 머리가 좋다?

흔히 강박증은 머리가 좋거나 공부를 많이 한 고학력자들이 걸리는 병이라고 생각하는 사람이 많다. 그러나 최근의 연구 결과에 따르면 강박증 환자의 지능은 일반인과 큰 차이가 없다.

지능은 언어성 지능과 동작성 지능으로 나눌 수 있는데 언어성 지능은 언어 능력과 관련이 있는 지능이며, 동작성 지능은 행동이나 동작과 관련이 있는 지능이다. 그런데 강박증 환자는 언어성 지능과 동작성 지능이 서로 일치하지 않는다. 즉, 언어성 지능에 비해 동작성 지능이 월등히 떨어지는데, 이로 비추어 강박증 환자들이 행동이 느리고, 결정을 잘 내리지 못하고 우유부단하며, 쉽게 행동으로 옮기지 못하는 것이 동작성 지능의 저하와 관련이 있을 것으로 추측된다.

교육 정도로 보면 과거에는 강박증 환자들 가운데 고학력자가 많다고 알려졌으나, 이는 다른 정신질환과 비교할 때 큰 차이를 보이지 않는 것으로 판명되었다.

강박증은 장남에게 많다?

미국의 케이튼이라는 정신의학자는 강박증 환자의 약 반수 이상이 장남이었다는 연구 결과를 발표한 적이 있다. 만약 이 연구가 사실이라면 미국보다 훨씬 막중한 책임감에 시달리고 있는 한국의 대다수 장남들은 어떨까?

그러나 최근의 한 연구 결과에 따르면 강박증 환자의 34% 정도가 장남으로 밝혀져 출생 순서와 관계가 없다고 보고되었다. 그러나 우리 사회에서의 장남은 유독 책임이 크고 부모나 형제들을 보살펴야 하는 위치에 있으므로 이러한 사회적 배경이 장남으로 하여금 강박적인 성향을 갖게 만드는 원인이 될 수도 있을 것이다.

독신자는 강박증에 더 걸리기 쉽다?

흔히 노총각, 노처녀, 혹은 이혼을 한 사람들이 강박증에 많이 걸린다고 생각한다. 캐나다의 한 연구 결과에 따르면 환자의 54%가 혼자 산다고 한다. 하지만 일부의 연구 결과에서는 오히려 혼자 사는 사람보다 결혼한 경우에 환자의 비율이 더 높게 나타나기도 한다.

또한, 강박증이 부부 관계에 문제를 일으킨다는 점을 고려할 때 이혼율이 높을 것이라고 추정할 수 있지만, 꼭 그렇지만은 않다고 한다. 이혼율이 낮고 혼자 사는 것을 백안시하는 우리나라에서는 강박증 환자의 결혼 여부나 이혼율 등이 다른 나라와 다르겠지만 아직 정확한 조사는 이루어지지 않고 있다.

강박증은 과연 치료될 수 있나

1990년대에 획기적으로 발전한 강박증 치료

1980년대까지만 해도 강박증은 정신과에서 많이 발병하는 질환이 아니며, 또 발병하면 치료하기 힘든 질환으로 알려져 왔다. 하지만 강박증은 정신질환 중에서 우울증, 약물 중독, 공포증에 이어 4번째로 많은 질환이다. 그런데도 환자의 증상이 잘 드러나지 않고 철저하게 감출 수 있다는 속성 때문에 의사들도 특별한 관심이 없는 한 면담할 때 그냥 지나치는 경우가 많다.

강박증의 증상이나 그 위험성 등이 비교적 널리 홍보되고 있는 미국에서도 환자의 약 20%만이 실제 치료를 받는 것으로 알려져 있다. 상대적으로 강박증이 제대로 알려지지 않은 우리나라에서는 아직 강박증 환자의 대다수가 치료를 받지 않고 있을 것으로 추정할 수 있다.

미국의 경우 강박증에 관한 의학계의 태도와 일반인들의 의식을 바꾸게 한 몇 가지 사건이 있었다. 시바-가이거라는 제약 회사에서 클로미프라민이라는 약이 강박증에 효과가 있는지 임상 시험하는 과정에 참가했던 여성들의 증상이 극적으로 호전된 것이다.

제니 암롱, 패트리샤 퍼킨스와 게일 테일러 등 증세가 호전된 이 여성들은 자신들이 강박증에 시달렸던 악몽 같은 경험을 거울삼아 강박증에 시달리는 환자들을 도와주기 위한 모임을 만들어 열심히 활동하게 되었다.

이들은 마침내 미국 ABC 방송의 시사 프로그램인 '20/20'에 출연함으로써 미국 사회에 강박증에 대한 정확한 이해를 촉구하고 환자들이 받는 고통의 실상을 널리 알리게 되었다. 이것이 계기가 되어 강박증 환자들이 함께 모여 대화를 나누고 전문 상담사의 도움을 받을 수 있는 모임이 미국 전역에 빠르게 확산되었다.

또한, 이런 사회적 분위기에 힘입어 미국 국립보건원 의사인 주디라 파포드가 강박증 환자의 이야기를 다룬 《손 씻는 것을 멈추지 않는 아이》라는 책을 출판했다.

강박증 환자들의 사고와 행동을 임상 케이스를 통해 일반인에게 알린 최초의 보고서라 할 수 있는 이 책은 30여 년 전에 발간되었음에도 불구하고 현재에도 스테디셀러라고 한다.

이를 계기로 강박증에 대한 일반인들의 관심과 이해가 높아지면서 그동안 자신의 증상이 강박증인지 아닌지 잘 몰랐던 환자들이 경각심을 갖고 의사를 찾게 되면서 보다 많은 환자가 고통에서 벗어나 치료를 받기에 이른 것이다.

강박증은 공포증이나 우울증과 동반될 수 있다

강박증은 다른 질환과 함께 나타나는 경우가 많다. 가장 흔하게 동반되는 질환은 공포증으로, 강박증 환자의 약 반수에서 공포증이 함께 나타난다. 강박증과 공포증 환자들은 모두 두려움의 대상을 피하는 자신의 행동이 비합리적이라는 것을 알고 있다.

공포증은 실제로 두려운 대상과 접촉하는 것이 두려워 접촉을 피하는 행동을 하는 데 반해 강박증은 실제 접촉보다 그 접촉이 가져올 결과와 접촉 후 해야 하는 강박행동을 더 염려한다는 점에서 공포증과 차이를 보인다.

또한, 공포증에서 두려움의 대상은 강박증의 경우보다 더 구체적이다. 예를 들어 좁은 공간에 들어가지 못하는 폐소 공포증이나 높은 곳에 올라가지 못하는 고소 공포증 등이 그 예다. 강박증의 경우에는 두려운 대상을 접할 때 불안한 것도 불안한 것이지만 혐오감이 큰 경우가 더 많은 반면, 공포증에서는 혐오감은 별로 없고 심한 불안과 공포감이 대부분이다.

공포증 다음으로 자주 동반되는 질환이 우울증이다. 강박증 환자의 약 25%에서 우울증이 동반된다. 강박 증상을 가지고 있다면 그 사실만으로도 대부분의 사람들은 우울해진다. 그러다 그 정도가 심하여 우울감을 심하게 느끼게 되면 일에 대한 의욕이 감소하고 잠을 제대로 자지 못하고 자살 충동까지 느끼게 된다.

그 밖에 어린이나 청소년에게는 강박 증상이 틱장애, 투레트장애, 머리 뽑기 등과 함께 나타나는 경우가 많다.

과연 어느 정도의 사람들이 강박증에 걸릴까?

1980년대 이전만 하더라도 정신과를 방문하는 환자들에게 강박증이라는 진단은 그리 흔하게 내려지는 것이 아니었다. 당시 강박증은 매우 드문 질환으로 간주되었는데, 1만 명 가운데 5명 정도의 환자가 발생한다고 하여 0.05% 정도의 발병률을 보인다고 추정했다.

그러나 최근 연구에 의해 강박증은 아주 흔한 질환으로 드러났다. 1980년대에 미국에서 행해진 대규모 조사에 따르면 미국 전역의 5개 도시(뉴헤이븐, 세인트루이스, 볼티모어, 더럼, 로스앤젤레스)에서 강박증의 평생 유병률이 2.5%로 나타났다고 한다. 평생 유병률이란 평생 동안 어느 정도의 사람들이 그 병을 앓게 되느냐를 나타내는 숫자다. 이어 독일에서 실시된 조사에서도 평생 유병률이 2.03%로 나타나 미국에서의 조사 결과를 확인해 주었다. 우리나라에서는 서울대 의대 정신과학교실에서 시행한 조사 결과에 따르면 평생 유병률이 1.9% 정도 되는 것으로 나타났다.

이러한 결과들을 종합해 보면 강박증은 100명에 2~3명 정도가 평생 한 번 걸릴 확률이 있는 것이므로 결코 드문 질환이 아니다.

강박의 발병은 나이와 상관없니?

강박증은 10대 후반이나 20대 초반에 발병하는 경우가 가장 많아 다른 정신질환에 비해 발병 시기가 좀 빠른 편이다. 또한, 남자가 여자에 비해 좀 더 일찍 발병한다. 대부분 35세 이전에 증세가 나타나며 한두 가지의 강박 증상을 어릴 때부터 가지고 있는 경우도 많다.

예전에는 노인들의 경우 강박증에 잘 걸리지 않는다고 알려져 있었는데, 최근의 연구 결과에 따르면 65세 이상의 노인 인구에서도 1.9~3.3% 정도의 발병률을 보이고 있다. 하지만 나이가 들면 강박 증상의 빈도가 줄어드는 것은 명백한 사실이다.

그 이유에 대해서는 정확하게 알 수 없지만 추측건대 나이가 들면 신체 질환이 많아지고 이 때문에 양로원이나 치료 기관에 거주하는 노인의 비율이 높아지므로 일반 가정에 거주하는 노인의 비율이 감소하기 때문이 아닐까 싶다. 그래서인지 치료 기관에 거주하는 노인들을 대상으로 조사하면 일반 노인에 비하여 강박증의 발병률이 3배 정도 높은 것으로 나타난다. 또 다른 가능성은 강박증 환자들이 일반인에 비해 일찍 사망하기 때문이라고 추측할 수 있다. 강박증 환자들은 일반인에 비해 만성적인 스트레스나 불안감, 우울증 등을 많이 보인다. 이러한 스트레스나 불안, 우울증은 심장 질환을 일으키는 요인의 하나로 알려져 있다. 따라서 강박증 환자들은 일반인에 비해 심장 질환에 걸릴 가능성이 크며, 이로 인해 일찍 사망하는 것으로 추측된다. 이를 입증하기 위해서는 정밀한 연구가 뒷받침되어야 할 것이다.

한 가지 주의할 것은 노인의 경우 치매의 초기 증상으로 강박적인 성격이 나타나는 경우도 있다는 점이다. 따라서 연로한 부모에게서 강박 증상이 나타난다면 이것이 강박증인지 혹은 치매 등 다른 질환의 초기 증상인지를 판단할 수 있도록 반드시 전문의를 찾아 상담할 필요가 있다.

강박증은 과연 고칠 수 있나?

강박증은 오랫동안 치료가 잘 되지 않으며 만성적인 경과를 밟는 정신질환으로 인식되어 왔다. 그러나 강박 증상을 치료하는 새로운 약물이 계속 개발되고 인지행동치료 기법도 고안되면서 강박증의 치료에도 많은 발전이 이루어지고 있다.

강박증은 병의 경과에 따라 크게 3가지로 나눌 수 있다. 첫째는 증세가 만성적이고 호전되지 않으면서 지속적인 강박증 상태를 보이는 경우이고, 둘째는 증세가 완전히 호전되기는 하지만 반복적으로 재발하는 경우이며, 셋째는 완전히 좋아지지 않고 어느 정도의 증상을 가지고 있으면서 가끔씩 악화되는 경우인데, 세 번째 경우가 가장 많은 편이다.

사람에 따라 차이는 있지만 일단 강박 증상이 시작되면 대개 그 증상이 평생 지속된다고 볼 수 있다. 미국의 한 연구 결과에 따르면 강박증 환자 가운데 대부분이 증세가 본격적으로 시작되기 이전에 이미 강박적인 성향을 보이며, 강박 증상이 나타난 이후에도 평균 7~8년이 지나서야 비로소 병원에 온다고 한다. 그중 25%는 발병과 관련된 요인을 찾을 수 있지만, 나머지 75%에서는 병을 일으킬 만한 특별한 요인이 없는 것으로 조사되었다.

유발 요인으로는 여성의 경우 출산 후 많이 나타났으며, 남자의 경우 회사에서의 승진처럼 책임감이 증가하는 상황에서 발병하기도 하고, 사랑하는 사람의 죽음이나 실직 등을 당했을 때도 강박증이 발병한 것으로 나타났다. 일부에서는 임신 자체가 스트레스가 되어 발병하기도 했다. 대부분의 환자가 외부로부터 스트레스를 받으면 증상이 더욱 악화하는 것으로 나타났다.

강박증 치료는 1990년대에 들어와 치료약의 개발 등에 힘입어 획기적인 전기가 마련되었다. 미국 국립보건원의 연구 결과를 보면 치료를 시작한 지 2년 후 다시 조사해 보니 약 50%의 환자가 호전되었으며 일부에서는 70~80%까지 호전되었다고 한다. 이 숫자만 놓고 보면 얼핏 강박증의 호전율이 좀 낮다고 생각할 수도 있으나 사실은 그렇지 않다.

일반적으로 정신질환은 일단 걸리면 잘 낫지 않는다고 생각하는 경우가 많은데, 이는 잘못된 생각이다. 치료 후 호전되는 비율을 보면 조현병은 약 60%, 우울증은 65%, 조울증은 80%로 알려져 있는데, 심장 질환이 평균 41~52%의 치료 효과가 있는 것에 비하면 높은 치료 성과다.

질병 가운데에는 전염병처럼 항생제를 사용하여 완전히 치료하는 것이 있는가 하면, 고혈압이나 당뇨병처럼 약물·식이·운동 등을 통하여 질병의 경과를 조절하는 것도 있다.

사실 이런 질병이 대부분이다. 고혈압이나 당뇨병의 경우 완치란 거의 없다고 보는 편이 좋을 것이다. 현재의 의술로는 다만 약물이나 생활 습관의 개선을 통하여 혈압을 정상적으로 유지하고 당 대사를 조절함으로써 일상생활이 가능하도록 할 수 있을 뿐이다. 고혈압이나 당뇨병 외에도 증상을 조절하여 정상적인 기능을 하게 만드는 것 자체가 치료인 질환이 적지 않다.

현재까지는 강박증의 치료도 이와 유사한 단계라고 보면 된다. 하지만 머지않은 장래에 새로운 치료법이 개발되고 인지행동치료 모임이 보다 광범위하게 이용된다면 치료 결과 역시 더욱 높아질 것으로 기대된다.

강박증 환자 중에 수동적으로 병원을 오가며 약만 잘 먹으면 좋아진다고 생각하는 사람들과 강박증은 낫지 않는 병이라고 생각해서 치료에 대충대충 임하는 사람들이 있는데, 이 두 부류는 예후가 좋지 않을 가능성이 크다. 강박증 치료의 가장 중요한 2가지 무기는 약물과

인지행동치료이다. 물론 그전에 강박증을 잘 이해하고 스스로 병에 대한 인식과 이해가 선행되어야 한다.

약물은 반복적으로 드는 생각이나 행동을 줄여주는 효과가 있다. 피질하구조물들에서 올라오는 자극의 세기를 줄여주기 때문에, 약물이 어느 정도 효과가 있으면 불안을 일으키는 생각이 들기는 하지만 견딜 만하고 크게 불안을 느끼지 않게 된다. 다음으로 중요한 것이 인지행동치료인데 이는 전두엽 기능인 억제력을 높이는 훈련이다. 이 훈련을 통해 반복적으로 떠오르는 강박적인 생각을 억제할 수 있는 것이다. 물론 한두 번의 연습으로 해결되지 않는다. 강박 증상은 어떤 면에서는 습관화된 부분이 있으므로 꾸준히 행동치료를 통해 잘못된 습관을 고쳐야 한다. 그러기에 행동치료는 적어도 6개월 이상 꾸준히 지속하여 지금까지의 잘못된 습관을 버리고 새로운 습관화를 통해 강박적 생각과 행동을 억제할 힘을 키워야 한다.

교육과 연구 활동을 지원하는 강박증 재단

미국에는 일반인들을 대상으로 강박증을 교육하고 전문가들의 연구 활동을 지원하는 강박증 재단(Obsessive-Compulsive Foundation)이 있다. 이 재단의 지원에 힘입어 그동안 강박증의 치료는 많은 발전을 거듭해 온 것이 사실이다. 이 재단의 가장 중요한 목적은 강박증이 공공 건강 분야의 중요한 문제라는 것을 일반인이나 전문가 집단에 인식시키는 일이다.

강박증으로 인한 사회나 개인의 손실은 결코 적지 않다. 미국에서는 강박증 때문에 연간 약 800억 달러의 경제적 손실이 발생한다는 보고가 있으며, 1990년 세계보건기구(WHO)는 강박증이 당뇨, 말라리아, 알코올 및 약물 중독, 류머티즘, 심장 질환 등과 더불어 세계에서 10번째의 장애(disability)를 가져오는 질환이라고 보고한 바 있다. 이렇듯 강박증은 난치병으로서 환자 자신은 물론 가족에게도 많은 고통을 주는 질환이라 할 수 있다. 강박증 재단은 강박증을 조기에 발견하여 치료 효과를 높이기 위해 학교와 긴밀한 관계를 형성, 학교에서 아이들에게 나타나는 강박 증세를 체크하고 해결하는 데 많은 도움을 주고 있다.

이 재단이 제공하는 것 중 매우 효과적인 프로그램은 인지행동치료법이다. 이를 위해 심리 치료사들을 대상으로 행동치료 강좌를 개설하여 교육하고 있다. 실제 통계에 의하면 인지행동요법이 강박증 치료에 매우 중요하다고 여겨짐에도 불구하고, 이 치료를 받는 환자는 40%에도 미치지 못한다고 하니 강박증 재단의 역할은 매우 중요하다 하겠다.

국내에서는 서울대학교병원에 개설된 강박증 클리닉(http://ocd.snu.ac.kr/)에서 1997년부터 12~16주 기간의 집단인지행동치료를 체계적으로 시행했다. 하지만 바쁜 일상에서 16주 동안 병원에 와서 치료받는다는 것이 쉽지 않아, 현재는 1주일에 2번씩, 한 달 8번으로 종료하는 프로그램을 운영하고 있다. 물론 그 이후에는 본인이 스스로 적어도 몇 개월 이상 꾸준히 훈련해야 한다. 좀 더 많은 병원에서 이런 프로그램을 시행할 수 있도록 사회 모두가 노력해야 함은 물론이다.

참고로 활발한 활동을 벌이고 있는 미국 강박증 재단의 홈페이지(http://vww.ocfoundation.org)에 들어가면 인지행동치료 모임의 성격과 강박증 재단의 활동 등 자세한 내용을 알 수 있다.

나는 왜 나를 통제하지 못하는가

2장

강박증에 취약한 사람들

강박증에 걸리기 쉬운 성격과 치료가 어려운 4가지 성격장애

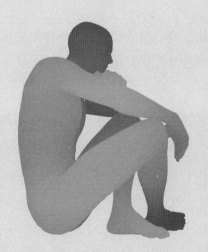

강박증 환자는 어떤 성격을 갖고 있을까

강박증과 성격의 관계

미국 정신의학회에서는 성격장애를 크게 A, B, C의 3군으로 분류한다.

'이상하고 괴상한' 성격인 A군은 사회생활에 문제가 있으며 대인 관계를 갖기 어려운 성격들을 지칭한다. 조현형 성격, 편집증적 성격 등이 A군에 속한다.

B군은 '드라마틱하고 감정적이며 변덕스러운' 성격이다. 사회생활이나 대인 관계가 불안정하고 자주 변해 주위 사람들로부터 변덕스럽고 엉뚱하다는 이야기를 많이 듣는다. B군에 속하는 사람들은 경계성 성격, 히스테리성 성격, 자기애적 성격, 반사회적 성격 등이 있다.

C군은 '불안하고 공포를 쉽게 느끼는' 성격으로, 이 역시 대인 관계

혹은 자신의 내부에서 심한 갈등을 느끼는 유형이다. 의존적 성격, 회피형 성격, 수동적이면서 공격적인 성격, 강박적 성격 등이 C군에 속한다. 일반적으로 강박증 환자들의 성격은 C군에 속하는 경우가 가장 많다.

C군의 성격 가운데 의존적 성격과 수동 공격적 성격을 살펴보자. 의존적 성격은 모든 일에 있어서 자신이 결정을 내리지 못하기 때문에 다른 사람이 대신 결정해 주어야 한다. 항상 주위의 충고를 바라며 다른 사람에 의해 좌지우지되는 경우가 많다. 그뿐만 아니라 수동적이며 자신의 주관이 뚜렷하지 않다. 어린아이인 경우 항상 부모가 모든 것을 결정해 주어야 하며, 심지어는 결혼한 후에도 남편이나 혹은 부인이 모든 것을 결정해 주어야 한다. 스스로 하는 일은 항상 불안하고, 주위에서 안심시켜 주어야 일을 진행할 수 있다. 다른 사람의 비판에 예민해 자신보다 다른 사람의 동의를 먼저 구해야 안심한다. 이런 사람들은 독립적인 일을 하지 못하고 정해져 있는 기계적인 일만할 수 있다. 특히 여성에게서 이런 성격이 많이 발견된다.

수동 공격적 성격의 사람은 사회적 혹은 직업적인 일을 수행할 때 마음에 안 드는 것이 있으면 직접 표현하지 못하고 수동적으로 표현한다. 게으름을 피운다든지 이것저것 핑계를 댄다든지 또는 주어진 일을 하지 않으면서 나중에 잊었다고 핑계를 대기도 한다. 이런 사람들은 자기가 원하지 않는 일을 하게 되면 과도하게 예민해지고 시비를 걸기도 하며, 그 일을 시킨 사람을 비난하고 평가절하하기도 한다.

또한, 자신감이 부족하고 의존적인 성향을 동시에 갖는 경우가 흔하다. 현실에 대한 불만과 미래에 대한 불안감을 많이 느끼고 있으며, 항상 비관적인 생각을 하는 경우가 많다. 강박증 환자 가운데 50%는 성격적인 문제를 함께 가지고 있다고 한다. 이런 경우 일반적인 약물치료나 행동치료에 잘 반응하지 않으므로 성격적인 문제를 고려해 정신치료까지 병행해야 하는 경우가 많다. 특히 조현형 성격장애가 동반되는 경우에는 치료가 아주 어렵다. 이런 경우에는 약물치료는 물론이고 대인 관계를 맺을 때 나타날 수 있는 상황을 설정해 사람을 만날 때의 기술을 익히는 사회 기술 훈련 등을 포함한 종합적인 접근이 필요하다.

내 탓이오, 내 탓이오

강박증 환자의 특징인 지나친 책임감

C군은 외출할 때마다 항상 대문이 잘 잠겨 있는지 확인하는 버릇이 있다. 이 버릇은 어릴 때 옆집에 강도가 들어온 다음부터 생겨난 것이었다. 당시 C군은 옆집에 낯선 사람이 들어가는 것을 목격했으나 그냥 지나쳐 버렸다. 옆집에서 강도를 당했다는 소식을 들은 후 C군은 자신이 그 낯선 사람을 신고하지 않았기 때문이라는 자책감에 한동안 시달렸고, 그 후부터 강박적으로 대문이 잠겨 있는지를 확인하는 습관이 생겼다.

책임감이란 '중요한 사건을 일으키거나 방지하는 데 있어 자신이 이를 통제해야 한다는 믿음'이라고 할 수 있다. 강박증에 걸린 환자들을 진료하다 보면 이들 사고의 특징으로 꼽을 수 있는 것이 하나 있는

데, 바로 지나친 책임감이다.

즉 이들은 어떤 상황이나 결과의 원인을 외부에서 찾기보다는 자신이 부주의했거나 능력이 없는 탓으로 돌리는 등 보통 사람보다 자신의 책임으로 생각하는 정도가 월등히 높다. 그뿐만 아니라 자신이 아무 행동을 취하지 않았음에도 불구하고 부정적인 결과가 나타나면 본인이 아무 조치도 취하지 않았기 때문에 그런 결과가 빚어졌다고 생각해 또 죄책감을 느낀다.

바로 이것이 정상인과 다른 점이다. 정상인은 자신의 행동으로 인해 부정적인 결과가 나타났을 경우에만 책임감을 가지며, 설사 그렇더라도 본인이 아무런 조치를 취하지 않았다는 사실 때문에 죄책감을 느끼지는 않는다. 예를 들어 '내가' 실수로 담배꽁초를 버려 옆집에 불이 났다면 그것은 '나의 책임'이지만, 옆집에 원인 모를 불이 났을 때 이를 발견한 '내가' 소방서에 바로 신고하지 않아 다른 곳으로 불이 번져 손해가 커졌다 해도 그건 '나의 책임'이 아닌 것이다. 그러나 강박증 환자의 경우에는 이런 상황과 상관없이 모든 부정적인 결과가 마치 자신의 책임인 양 자책하는 특징을 가지고 있다.

죄책감은 강박증 환자의 지나친 책임성과 연결되어 나타난다. 또한, 죄책감을 크게 느낄수록 강박증의 정도가 심한 것이라고 할 수 있다.

아무튼 위협적인 상황이나 결과에 대해 스스로에게 책임을 묻는 강박증 환자의 경우 뒤이어 과도한 죄책감을 가지며, 이러한 쓸데없는 죄책감으로 인한 불편함을 없애기 위해 여러 시도를 하게 되는데, 이것이 곧 강박 증상으로 나타나는 것이다.

머리카락 하나라도 꼬불거리면 안 돼!

모든 일에 완벽해야 직성이 풀리는 사람

K씨는 머리 손질을 하는 데 하루 2~3시간이 넘게 걸린다. 샤워하면서 머리를 오래 감기도 하지만 머리를 감은 후 선풍기로 말리느라고 또 적지 않은 시간을 보낸다. 그러다가 갑자기 욕실로 가서 다시 머리를 감기도 한다. 어느 날 머리카락 한 올이 꼬불거리자 그것을 곧게 펴기 위해 머리에 무스를 바르는 데 6시간이 걸린 적도 있다. 본인이 완전하다고 확신하기 전에는 그만두지 못하는 성격인 것이다.

강박증 환자들을 잘 살펴보면 보통 사람들에 비해 완벽주의자가 많다. 이들의 내력을 살펴보면 부모 역시 완벽주의적인 성향이 두드러진다. 이런 완벽주의는 강박증 환자들이 자신의 행위를 평가하는 데 많은 영향을 미친다. 즉 강박증 환자들의 완벽주의적인 성향은 자신이 한 행위의 결과나 성과에 대해 늘 의심과 회의를 품으며, 조금의 실수나 오류도 받아들이지 않는 매우 엄격한 태도를 지닌다. 그래서 강박증 환자들은 늘 자신의 행동을 의심해 강박적으로 확인과 재확인을 거듭한다. 이렇게 계속 확인하려는 행동의 빈도나 정도로 그 환자가 얼마큼 완벽을 위해 강박적으로 노력하는지 가늠할 수 있다.

난 안 돼! 이번에도 안 될 거야!

부정적인 결과를 예상하며 불안을 느끼는 사람

28세인 J양은 이미 맞선을 50번 이상 보았다. 부모의 성화에 못 이겨 맞선 보는 자리에 나가기는 하지만 늘 성공하지 못할 것이라 생각한다. 자신이 상대의 이상형이 아니며 상대방도 자신의 이상형이 아니라고 미리 단정하는 것이다. 그동안 마음에 든 남자도 많았지만, 상대가 자신을 좋아하지 않으리라 생각하고 먼저 부정적인 태도를 보였다. 현재 맞선을 보기는 하지만 결국 결혼하지 못하고 일생을 부모의 짐이 되어 살 것이라고 믿고 있다.

강박증 환자들은 미래를 긍정적으로 생각하고 낙관하기보다 위협적인 상황을 예상하거나 부정적인 결과가 일어나지 않을까 걱정하는

나는 왜 나를 통제하지 못하는가

경향이 많다. 반면에 이를 극복할 수 있는 자신의 능력은 과소평가한다. 또한, 아직 일어나지도 않은 어떤 위협적인 상황에 심한 두려움과 불안을 느끼지만, 정작 그러한 공포감에 대해서는 합리적인 설명을 하지 못한다.

강박증 환자들은 '안전하다'는 것을 확인하는 데 있어서 융통성이 없고 매우 엄격하다. 대부분의 사람은 주위 상황이 위험하지 않은 것으로 판단되면 안전한 것으로 받아들이는 데 반해, 강박증 환자들은 실제 '안전'을 확인한 후에야 안전하다고 받아들인다. 하지만 실제 '안전'을 확인할 방법은 그다지 많지 않기 때문에 늘 불안을 느끼며 생활하거나 아예 그런 상황을 회피하며 살기도 한다. 설사 위험하다고 예상한 상황과 직접 마주해 위험이 없음을 경험한 후에도 여전히 상황이 안전하다는 것을 믿지 못한다.

강박행동으로 재난이 일어날 가능성이 감소된다 하더라도 이들은 안전을 확신할 수 없기 때문에 지속적으로 불안과 공포를 느끼며 끊임없이 반복적인 확인 행동을 한다.

꼬리에 꼬리를 무는 생각들

행동보다 지나치게 생각이 많은 사람

D군은 잡념이 많다. 어떤 일을 하는데 그 일과 별로 상관없는 생각이 꼬리에 꼬리를 물고 떠오른다. 친구들과 대화할 때도 대화 내용보다 '저 친구가 왜 저런 생각을 하고 있을까?', '내 눈은 어디에 초점을 두어야 하나?', '나의 모습이 자연스러운가, 아닌가?' 등 쓸데없는 생각으로 머리가 어지럽다. 책을 읽을 때도 책 내용은 머리에 들어오지 않고, 오히려 서체나 문장의 조사가 올바른지 아닌지에 더 신경을 쓰는 것이다.

강박증 환자들은 지나치게 생각이 많은 사람이 많다. 어떤 특정한 생각이 떠오르면 계속 그것만 생각한 나머지 그것이 너무나 중요한 일처럼 생각돼 강박적으로 집착하게 된다.

이 경우 강박사고를 일으키는 주요 요인은 나쁜 결과에 대한 책임보다는 그런 생각을 하는 자신의 모습에 실망하고 괴로워하는 데에 있다. 예를 들어, 성(性)적인 생각이 떠오를 때마다 '이런 생각을 하다니, 난 정말 천박한 사람이야. 정상이 아니야'라고 생각하는데, 이것 때문에 불안해지는 것이다. 그리고 이를 억누르거나 없애려고 갖은 노력을 다하게 된다.

또한, 강박증 환자들은 생각과 행동 사이에 명확한 경계를 두지 못하고 그 둘을 동일시하는 경우가 많아, 자신이 어떤 생각을 하는 것만으로도 그 행동을 하게 된다고 은연중에 믿는 경우가 많다. 예를 들어 자기 아이를 해칠 것 같은 생각이 반복적으로 드는 여성은 자신이 실제로 아이를 해치지 않았나 하는 걱정 때문에 반복해서 아이 방을 들여다보며 아이가 무사한지를 확인한다. 자신의 사고를 행동과 혼동하여 동일시하기 때문에 이를 자꾸 확인하는 과정에서 강박 증상이 나타나는 것이다.

왜 내가 내 맘대로 안 되지?

자신의 의지대로 생각을 조절해야 한다고 믿는 사람

P양은 교회에서 목사님의 설교를 들을 때면 이상하게도 자꾸 성적인 생각이 들었다. 근엄한 모습의 목사님이 도덕적인 내용의 설교를 하면 할수록 머리에서는 오히려 비도덕적인 생각이 일었다. P양은 이러한 자신의 생각에 심한 죄책감을 가지며 성과 관련된 생각을 없애려고 발버둥 쳤지만 그럴수록 더욱더 심하게 떠올랐다. P양은 자신의 의지로 이를 조절하지 못하는 것이 불안하다.

정신의학적으로 살펴보면 통제는 완벽주의와 밀접한 관련이 있다. 즉 강박증 환자들은 자신의 생각을 자신이 완벽하게 조절할 수 있어야 한다고 믿으며, 그렇게 함으로써 위험이나 어려움을 막을 수 있다고 생각한다. 그러나 이는 잘못된 생각이다. 의식적이든 무의식적이든 머리에 떠오르는 생각을 모두 조절한다는 것은 실제로는 불가능하기 때문이다. 불가능한 것을 가능하다고 여기는 생각은 강박 증상을 더욱 유발시키고 지속시킨다.

즉 약간의 예외도 없이 완벽하게 자신의 생각을 통제해야 한다는 신념이 강하면 강할수록 오히려 그와 관련된 모든 것에 민감해져서 강박 증상이 더욱 심해진다. 의지대로 생각이 조절되지 않고 문득문득 자신이 원하지 않는 생각이나 장면이 떠오르면 이를 억누르기 위해 강박적 행동을 하게 되는 것이다.

강박증 환자들은 어떤 생각을 통제하려던 시도에 실패하면 그다음 단계에서는 더욱 강하게 이를 억누르려고 한다. 이처럼 생각을 억제하려는 노력은 횟수를 거듭할수록 점차 상승하게 되고, 결과적으로 원치 않는 생각에 더욱 집착하게 된다. 어떤 생각을 통제하기 위한 노력이 오히려 역효과를 일으켜, '생각을 하지 말아야지' 하면서 억누를수록 더욱 강력하게 그것에 집착하게 되는 것이다.

환자들이 치료를 받고 난 후 나타나는 가장 큰 변화는 강박적 사고에 대한 태도 변화다. 치료 전에는 불안을 일으키는 생각이 들면 그것에 집착하고 얽매이지만, 치료를 받게 되면 강박적인 생각이 떠오르는데도 그냥 내버려둘 수 있게 된다고 한다. 따라서 강박증에 있어서 가장 중요한 것은 불안을 일으키는 생각 그 자체가 아니라 그에 대한 마음 자세, 혹은 처리 방식인 것이다.

익숙하지 않은 것은 싫다

경험이나 지식을 믿지 못하고 확인을 거듭하는 사람

L씨는 운전할 때면 항상 1차선은 이용하지 않는다. 1차선으로 가면 마주 오는 차가 중앙선을 넘어와 충돌할 확률이 높다고 생각하기 때문이다. 달릴 때도 결코 시속 60km 이상은 속도를 내지 않는다. 그 이상의 속도에서는 비상시에 브레이크를 밟아도 앞차를 추돌하게 된다고 믿기 때문이다. 휘발유를 넣을 때도 항상 특정 회사의 휘발유만 넣는다. 다른 휘발유를 섞으면 엔진에 이상이 생겨 위험하다고 생각한다. L씨는 매사에 절대적으로 안전한 것이 아니면 믿지 못하는 경향이 있다.

강박증 환자들은 자신의 경험을 의심한다. 이러한 의심은 지금까지 자신의 행동이 위험을 막기에 충분하지 못했다고 생각하기 때문이며,

이는 결과적으로 현재 자신이 하려는 행동에 확신을 갖지 못하고 반복적으로 확인하게 하는 요인이 된다.

강박증 환자들에게 강박행동은 불편함을 감소하려는 시도인 동시에 완벽함을 확인하려는 강렬한 욕구 표현이다. 이들에게는 완벽함이 확인되지 않은 상황, 즉 불확실한 상황을 견딜 수 있는 인내력이 매우 부족하기 때문에 그런 상황을 반복적인 확인을 통해 해소하려는 것이다.

강박증 환자의 기질적 특성으로 볼 때 새로운 것을 추구하려는 성향은 아주 낮은 반면, 위험 회피 성향은 아주 높다. 이는 강박증 환자들의 특징이라 할 수 있는데, 미래에 다가올 위험을 너무 과대평가해 항상 자신의 능력을 의심하고 확인하며 완벽하게 대처하려는 경향을 잘 설명해 주는 현상이다.

병원을 찾아오는 환자들의 성격을 분석해 보면 역시 위험을 회피하려는 경향이 뚜렷했고, 새로운 것을 추구하는 성향은 아주 낮게 나타난다. 이런 특성 때문에 강박증 환자들은 목표가 뚜렷한 새로운 행동을 잘하지 못하며, 일상적이고 안전한 행동만을 고집하는 경향을 보인다.

강박증은 반드시 유전될까?

유전 인자도 무시 못할 요인

우리는 흔히 복잡한 현대 사회를 살아가는 데 있어 정신질환을 피할 수 없는 문명병의 하나로 받아들인다. 산업화와 기계화는 인간 소외를 가속화시켰고, 개개의 인간에게 전체를 위한 부속품으로서의 역할을 강요해 왔다. 치열한 경쟁에서 살아남기 위해 수단과 방법을 가리지 않으며, 항상 긴장되어 쫓기듯 살아가는 현대인은 그야말로 스트레스의 바다에서 헤엄치고 있다.

이러다 보니 스트레스와 밀접한 관련이 있는 정신질환은 누구나 걸릴 수 있는 감기와 같은 병으로 여겨진다. 미국의 통계를 보면 다섯 가족 중 적어도 한 가족 이상은 정신질환을 앓는 가족이 있다고 한다. 그런데 자세히 살펴보면 정신질환을 가진 집안에서 특히 비슷한 병을 가진 사람이 많이 발견된다는 것을 알 수 있다. 현대 사회에서 정신질환은 피할 수 없는 병의 하나지만, 유전적인 요소 역시 무시하지 못할 중요한 요인이다. 물론 전적으로 유전으로만 설명할 수는 없지만.

대학생인 P양은 어릴 때부터 엄마에게 항상 깨끗하게 생활하라는 이야기를 귀에 못이 박이도록 들었다. 화장실에 갈 때는 더러운 것이 묻을까 봐 항상 바지 밑단을 걷었고, 양변기를 사용하기 전에는 먼저 알코올로 한 번 닦은 후에야 볼일을 볼 수 있었다.

또한, 문밖의 가게에만 다녀와도 옷이 더러워진 것 같아 빨아야 했고, 외투는 아무리 빨아도 더러운 것 같아 집 안의 일정한 곳에 모아 두고 사용했다. 고등학교 때에는 클럽에 다니는 같은 반 아이들이 불결해 보여 그 아이들이 만진 교실 문고리를 만지지 못했으며, 하루에도 수십 차례 비누로 손을 씻어야만 했다.

대학생이 되면서 학교 교칙에 따라 기숙사 생활을 하면서 할 수 없이 공동 화장실과 샤워실을 사용해야 했다. 공동생활을 하면서 조금 좋아진 듯 보였지만 2학년이 되어 집으로 들어간 후에는 학교에 가서 화장실을 사용할 수가 없었다. 언제나 학교에 가기 전에 볼일을 보고 낮에는 참았다가 집에 돌아와서야 화장실에 갔다. 따라서 밖에 나가는 것이 두렵고, 어쩌다 외출을 하더라도 화장실 가는 것이 두려워 물이나 음료수는 전혀 마시지 않았다.

그런데 P양의 가족을 보면 어머니뿐만이 아니라 동생과 아버지는 물론이고 할아버지도 같은 강박 증상을 가지고 있다고 한다.

'선천성이냐 후천성이냐' 하는 논란은 비단 질병에만 국한되는 문제는 아니다. 성격과 지능, 골격, 얼굴 모양 등 많은 것이 유전적인 요인이나 환경적인 요인에 의해 결정된다. 정신질환은 유전적인 요인과 환경적인 요인 중 어느 것이 더 중요할까?

최근 눈부시게 발전하고 있는 분자생물학은 점차 질병의 발병 원인 가운데 선천적 요인이 더 중요하다는 연구 결과를 내놓고 있다. 당뇨병을 예로 들어 보자. 우리는 흔히 식생활이나 생활 습관이 당 대사를 조절하는 데 중요한 역할을 하는 것으로 알고 있다. 하지만 당뇨병은 유전적 요인이 없이는 발병이 불가능하다.

또한, 정신과 질환 가운데 조현병이나 조울증과 같은 병은 그 병에 걸릴 유전적 소질을 타고나지 않으면 발병하지 않는다는 것이 정설이다. 즉 아무리 후천적으로 어려운 환경에 닥치거나 스트레스를 받더라도 조현병이나 조울증에 걸리지는 않는다는 것이다. 그렇다면 강박증의 경우는 어떠한가.

1990년 미국 국립보건원의 조사에 따르면, 46명의 소아 강박증 환자의 부모 145명을 직접 면담하여 아버지의 25%, 어머니의 9% 정도가 강박증을 갖고 있다는 결과를 발표했다. 이는 소아 강박증처럼 일찍 발병하는 경우 유전적인 성향이 더욱 강하고, 늦게 발병할수록 유전적인 영향을 덜 받는다는 것을 뜻한다. 이런 특징은 모든 유전 질환의 공통적인 특징이라고 할 수 있는데, 유전성이 강할수록 일찍 발병하기 때문이다.

그러나 이와 반대되는 연구들도 있다. 1967년 정신의학자인 로젠버그가 강박증 환자 547명을 조사한 결과에 따르면 유전성이 별로 높지 않은 것으로 나타났고, 이후의 연구에서도 일반인과 비슷하게 발생한다는 결과가 보고되기도 했다.

강박증 환자의 가족 중에 강박증 환자가 많다는 연구 결과가 곧 강박증이 유전 질환이라고 단정할 근거가 되는 것은 아니다. 가족이 공통적인 유전자를 가지고 있으며 이것이 대를 이어 이어진다는 사실에는 이의가 없지만, 유전적 요인 외에도 가족 환경이나 사회 문화적인 요소들이 공통적으로 가족에게 영향을 끼치고 있으며, 이런 공통적인 요소와 강박증이 관련이 있을 수 있기 때문이다.

강박증 환자의 가족들에게서 강박증 발병률이 높다는 사실만으로 유전병이라고 단정할 수는 없지만, 현재까지의 연구에 따르면 일부 강박증에 가족적인 성향이 있는 것만은 사실이다. 하지만 유전적인 경향이 있다고 모두 발병하는 것은 아니며, 그것이 어떤 형태의 유전 패턴을 가지고 있는지는 아직 밝혀지지 않았다.

또한, 발병을 위해서는 소인이 있어야 함은 물론이고 그것이 발현될 수 있는 환경적인 요인도 중요하다. 강박증에는 유전적 요인이 상당히 중요하다고 생각되지만, 강박증 자체가 유전되는 것이라기보다, 강박증을 보일 소질이 유전되는 것으로 생각하면 될 것이다. 그러므로 비록 자녀가 강박증 기질을 지녔다 하더라도 교육 및 환경의 영향에 따라 강박증을 막을 수 있다. 따라서 무엇보다 강박증은 유전적 · 환경적 요인 등 다양한 원인에 의해 나타나는 현상이라는 생각을 가져야 한다.

하느님, 저를 용서하소서

신앙생활에 집착하는 사람

강박증 환자 가운데 종교와 관련한 증세가 나타나는 경우가 꽤 있다. 특히 기독교의 경우에는 주일마다 예배에 참석하고 식사할 때마다 기도를 해야 하며, 살아가면서 지켜야 할 계율과 따라야 할 의식이 많다. 게다가 정해진 규율을 지키지 않을 때는 죄책감을 느끼게 하는 강박적인 계율이 있어 평소 강박 성향을 지닌 사람에게는 강박증으로 쉽게 발현할 수 있는 조건으로 작용한다.

27세의 미혼인 P양은 독실한 기독교 신자로 어릴 때부터 주일 예배를 하루도 빠지지 않을 만큼 열심히 교회에 다녔고 교회의 율법을 거슬러 본적이 별로 없다. 그런데 얼마 전부터 말할 수 없는 고민이 생겼다. 교회에 가서 예수의 십자가를 쳐다볼 수 없다는 것이었다. 언제부터인가 예수님을 보면 벌거벗은 남자의 알몸이 떠오르고, 시선이 자꾸 예수님의 성기 부분으로 가는 것을 느낄 수 있었다. P양은 심한 죄책감 때문에 더욱 열심히 기도했고, 불경스러운 생각이 들지 않게 해 달라고 기도했지만, 기도를 하면 할수록 점점 더 그 생각에서 벗어날 수가 없었다.

강박증을 가진 사람들은 책임감이 지나치고 죄책감을 쉽게 느낀다는 이야기는 여러 번 강조했지만, 특히 종교인의 경우 더욱 심하게 나타난다. 아담과 이브가 선악과를 따먹은 이래 원죄를 갖고 태어났다고 믿는 기독교 문화 속에서의 인간은 끊임없이 자신의 죄를 씻어야만 하는 존재다. 이런 점 때문에 평소 강박 성향이 있는 사람에게 기독교 문화는 강박 증상이 쉽게 발현할 수 있는 조건이 될 수 있다.

종교를 가진 강박증 환자를 이해하는 것이 그리 쉬운 일만은 아니다. 우선 치료자와 환자, 혹은 종교인 사이에 너무나 많은 용어의 개념 차이가 존재한다. 같은 단어라도 서로 다른 의미를 가지는 경우가 많은데, '양심'이라는 단어가 대표적인 예다. 심리학에서는 '어떤 잘못을 했을 때 가책을 느낀다'라고 표현하며 양심의 감정적인 측면을 강조하지만, 종교적 측면에서의 양심은 특정 행동에 대한 도덕적인 판단과 밀접한 관계가 있다.

따라서 종교인들은 양심을 도덕적인 지표로 생각해 강조하는 반면, 정신과 의사를 비롯한 치료자들은 환자들이 지나치게 경직된 양심으로부터 고통받는 것을 완화해 주기 위해 양심의 부정적인 측면을 줄이도록 환자를 도와주는 역할을 주로 한다.

종교로 인해 치료 과정에서 나타나는 환자와 치료자 사이의 딜레마도 흔히 경험하는 것이다. 예를 들어 환자가 자위행위에 강박적 생각을 가지고 있다면 치료자는 그런 행위를 '치료 차원에서' 권할 수 있다. 그러나 환자가 신앙인이라면 종교 계율과의 갈등으로 죄책감이 심해지며, 양심의 소리에 반하는 치료 행위 때문에 결국 치료가 지속되기 어려워진다. 따라서 행동치료적 접근은 종교인들로부터 종종 비도덕적이라는 비난을 받기도 한다.

사실 강박적 사고는 정신과 영역에서 관심을 받기 훨씬 이전, 종교적인 삶의 형태로 나타났다. 양심이라는 뜻을 내포하고 있는 영어의 'scrupulosity'라는 단어는 라틴어인 'scrupus'에서 유래되었는데, 이는 24분의 1온스(1온스는 28.35g)의 극히 적은 무게를 뜻한다고 한다. 즉 이 조그마한 무게로도 양심의 눈금을 기울일 수 있다는 의미를 담고 있으니, 죄에 대한 두려움이 얼마나 철저하고 완벽한 것인지를 짐작할 수 있다. 그런데 이 양심은 강박사고와 유사한 점이 참 많다. 둘 다 지속적인 생각, 사고 혹은 행동을 동반하며 이것이 불편함을 일으키기도 하고, 무리하게 강요되기도 한다.

어떤 종교는 강박적으로 느끼는 죄를 지을 것 같은 두려움을 마귀 때문에 나타나는 것으로 보기도 했다. 16세기 예수회의 창시자인 이그나티우스(이냐시오) 로욜라는 죄책감 때문에 하루에 몇 시간씩 무릎을 꿇고 기도했다고 한다. 이 역시 죄에 대한 지속적인 두려움의 강박적 증상일 것으로 추정된다.

종교 개혁가인 마틴 루터 역시 첫 미사 집전 때 혹시 자신이 미사과정을 하나라도 빠뜨리지 않을까 지나치게 걱정하여 확인에 확인을 거듭하기도 하고, 종교 개혁을 일으키기 전에는 자신의 불경스러운 생각 때문에 반복적으로 고백 성사를 하면서 신부로부터 '하느님이 당신에게 화를 내고 있지 않다'라는 말을 들을 때까지 자신의 생활을 돌아보았다고 고백한 바 있다.

종교의식은 좀 더 공개적이고 일정한 형태를 가지고 있기는 하지만 어떤 측면에서는 우리가 느끼지 못할 뿐 습관적인 반복 행동에 다름 아닌 강박 행위의 형태로 이해될 수도 있다. 다만 병으로서의 강박증은 좀 더 개인적이고 특이한 점이 있을 뿐이다. 프로이트는 둘 다 자신의 믿음을 확인하기 위해 두려움이나 의심을 방지하려는 의식이거나 행동이라고 주장한 바 있다.

종교에서 행해지는 반복적인 의식과 행위가 개인에게 안정을 가져다줄 뿐 아니라 나아가 인간의 원죄에 대한 참회와 관용을 의미하듯, 강박증은 인간 본성의 깊은 원형의 병적인 표현이라 할 만하다.

그러나 강박 증상이 종교의식과 관계가 있다 하더라도 일상생활을 할 수 없을 정도로 불편을 느끼면 치료를 받아야 한다. 강박적인 성향의 사람에게는 종교적 의식이나 행동이 병적인 증상으로 이용되는 경우가 많기 때문이다. 종교적인 것과 관련되어 나타난 강박증을 약물로 치료하더라도 종교 생활에는 아무런 해를 미치지 않는다. 강박증은 고쳐야 하고 치료해야 할 뇌의 질병이지 종교적인 문제는 아닌 것이다.

강박증에 걸리기 쉬운 혈액형이 있다?

성격적인 특성과 관련 있을 것으로 추정

강박증은 뇌의 특수한 신경 전달계의 이상과 관련이 있는데, 신경 회로에 영향을 미치는 것이면 어떤 원인에 의한 것이든 강박 증상을 일으킨다는 연구 결과가 나오고 있다. 최근에는 강박증 환자의 뇌를 직접 촬영해 그 이상 유무를 연구하는 뇌영상 연구를 통해 뇌의 이상이 조금씩 밝혀지고 있는 실정이다

그런데 한 가지 흥미로운 사실은 1980년경 리니어리스(Rinieris)라는 학자가 혈액형과 강박증의 관련성을 조사한 바 있는데, 조사 결과 혈액형이 O형인 사람들에게서는 강박증이 적게 발견되었고, A형인 사람들에게서는 많이 발견되었다. O형인 경우 아마도 강박증의 발현을 방지하는 성격적인 특성과 관련이 있으리라 추정하고 있으나 정확

한 것은 아직 알려져 있지 않다.

어쨌든 강박증이 뇌의 이상과 관련이 있다는 것은 자명한 사실이다. 강박증이 뇌의 이상으로 생길 수 있다고 생각하게 된 계기는 20세기 초반 미국 전역을 휩쓸었던 '폰 이코노모 뇌염' 때문이었다. 이 뇌염을 앓고 난 환자들에게서 파킨슨병, 운동장애 등 여러 신경학적인 후유증이 나타났으며, 또한 많은 환자가 회복된 후 강박 증상을 보였다. 이런 사실을 근거로 뇌의 병변에 의해 강박 증상이 나타날 수 있다고 추정하게 된 것이다.

그림쇼(Grimshaw)는 자신이 진료한 103명의 강박증 환자들 가운데 19.4%에서 신경학적 질환이 있었다고 발표해 역시 뇌의 병변과 강박 증상이 관련이 있음을 시사했으며, 최근 포도상 구균에 감염된 아이들이 강박 증상을 보인다는 미국 국립보건원의 보고들이 연이어 나오기도 했다.

하지만 뇌염이나 연쇄상구균에 감염되었다고 모두 강박 증상을 보이는 것은 아니다. 강박증과 포도상 구균과의 관계를 연구하고 있는 미국 국립보건원은 최근 흥미 있는 연구를 보고했는데, 감염 환자들이 강박 증상을 일으키는 데는 유전과 밀접한 관련이 있다는 것이었다. 따라서 강박 증상도 이 병에 걸릴 소질을 타고나며, 어떤 계기에 의해 증상이 발현된다고 할 수 있다.

이외에도 뇌 손상을 당한 후 강박 증상이 발현되기도 하며, 뇌종양 환자에게서도 강박 증상이 관찰된다. 이와 같은 사실에서 알 수 있는 것은 강박 증상은 분명 뇌의 특수한 신경회로의 이상과 관련이 있으며, 어떤 원인으로든 그 신경회로에 영향을 미치면 강박 증상을 일으킬 수 있다는 점이다. 최근에는 강박증 환자의 뇌를 직접 촬영하는 방법인 양전자방출단층촬영(PET), 자기공명영상(MRI) 등을 활용한 뇌영상 연구를 통하여 강박증에서 나타나는 뇌의 이상의 일부를 밝힐 수 있게 되었다. 이제 머지않은 장래에 강박증 환자의 뇌의 이상이 왜 나타나는지를 밝힐 수 있는 날이 올 것이다.

강박증 치료가 어려운 성격이 있다?

조현형 · 회피성 · 경계성 · 편집형 성격장애

강박적 성격장애와 강박증은 엄연히 다른 질환이다. 하지만 강박증 환자에게 강박적인 성격장애가 많이 나타나는 것은 사실이다. 실제로 강박 증상이 생기고 난 후 성격이 강박적으로 변하는 예를 많은 환자에게서 쉽게 발견할 수 있다.

강박증과 강박적 성격의 증상을 분석한 미국 하버드 의과대학 매사추세츠 병원의 연구에 따르면 강박적 성격을 나타내는 부류는 크게 두 가지로 나뉜다고 한다.

첫 번째는 사소한 것에 집착하고, 물건을 잘 버리지 못하고, 우유부단하고, 완벽주의적인 경향을 나타내고, 감정 표현이 부족한 부류이며, 두 번째는 지나치게 양심적이고, 일만 아는 일벌레이며, 타인에 대한 너그러움이라고는 찾아볼 수 없는 부류다. 두 부류 가운데에서 강박증과 더 밀접한 관련을 보이는 부류는 첫 번째였다고 한다.

또 하나 '이상 성격'이면 강박증을 치료하기가 어려운가 하는 점이다. 현재까지의 연구 결과를 보면 '이상 성격'이라서 강박증 치료가 달라지는 것은 아니었다. 그러나 어떤 경우에는 치료가 어려운 게 사실이다. 조현형 성격장애, 회피성 성격장애, 경계성 성격장애, 그리고 편집형 성격장애 등이 이에 해당한다.

강박증과 동반될 경우 치료가 어려운 위 네 가지 성격에 대해 자세히 살펴보자.

조현형 성격장애자는 다른 사람들과 친밀한 관계를 맺기 어렵고, 언제나 외톨이로 지내며, 다른 사람에게 별 관심이 없다. 따라서 다른 사람들의 칭찬이나 험담에 무관심하며, 감정이 없는 것 같은 느낌을 준다. 생각이 좀 왜곡되어 있고 다소 비현실적이며 행동도 약간 괴상한 것이 특징이다. 텔레파시가 통했다느니, 영적인 교감을 나누었다느니, 환상을 보았다느니 하는 사람들이 조현형 성격장애를 가진 사람들이다. 이들은 사회활동을 거의 하지 않으며 관심 또한 없는 경우가 대부분이다. 이런 성격의 소유자는 주위로부터 '이상하다'는 말을 듣기는 하지만 그렇다고 완전히 엉뚱하게 행동하지는 않으므로 병원에까지 오지 않는 경우가 많다.

회피성 성격장애자는 자신이 열등하다는 생각 때문에 다른 사람의 비난이나 질책을 지나치게 두려워한다. 또한, 다른 사람이 자신을 거절할까 염려하다가 아예 사람들과의 관계를 피함으로써 거절당할 수 있는 상황을 미리 없애 버린다. 이런 성격을 가진 사람의 특징은 다른 사람의 평가나 비난에 지나치게 민감해 사회활동이나 대인 관계를 두려워한다는 점이다.

친구나 애인도 서로 좋아한다는 확신이 서지 않으면 사귀지 못하고, 항상 자신감이 부족해 소극적인 편이며, 쉽게 긴장하고 매사에 불안을 느낀다. 조현형 성격장애가 사회적 활동에 무관심하다면, 회피성 성격장애는 다른 사람의 평가에 너무 예민한 탓에 사회활동을 적극적으로 하지 못하고 회피하려는 경향이 있다.

경계성 성격장애자는 대인 관계가 불안정한 것이 특징이다. 항상 공허함을 느끼며, 감정적으로는 매우 불안정해 화를 잘 내고 충동적이며 자주 우울해지곤 한다. 다른 사람과 친하게 지내기를 원하지만, 마찰이 자주 생긴다. 어떤 순간에는 굉장히 친하게 지내다가 한순간 사소한 일로 그 사람을 천하에 가장 나쁜 사람으로 비하하기 때문이다. 대인 관계가 극에서 극으로 왔다 갔다 하는 케이스인 것이다.

또한, 충동적인 성격이라 자신을 학대하기도 하는데, 자해를 한다든지 성적으로 방종해지기도 하며 폭식하기도 한다. 최근 연구에 따르면 경계성 성격장애는 어릴 때 심한 성적 학대를 받았거나 혹은 정신적 충격을 받은 경험과 관련이 있다고 하는데, 이로 인해 정신의학의 영역에서 주목받고 있는 성격장애의 하나다.

편집형 성격장애는 사람을 잘 믿지 못하고, 항상 다른 사람의 행동이나 말에 숨은 뜻이 있지 않나 의심한다. 사소한 일로 쉽게 의심하며 자주 다투고, 항상 차가워 보여 사람들과 친밀한 관계를 만들지 못한다. 부부간에도 상대방을 믿지 못하기 때문에 의처증 혹은 의부증을 보인다.

위의 네 성격은 결국 '대인 관계에서의 문제 야기'로 그 증세를 요약할 수 있는데 이런 성격을 가진 강박증 환자들은 대개 행동치료를 거부하는 경우가 많다. 설령 행동치료를 한다 해도 효과가 없거나 도중에 치료를 중단하는 경우가 대부분이다.

따라서 이러한 성격장애를 동반하는 강박 증상인 경우에는 치료 목표를 강박 증상에만 두지 않고 성격적인 측면까지 고려한 종합적인 치료가 이루어져야 좋은 결과를 얻을 수 있다.

나는 왜 나를 통제하지 못하는가

3장

이럴 때는 어떻게 해야 하나요?

서울대학교병원 강박증 클리닉 홈페이지 게시판에 올라온 사례들

이럴 때는 어떻게 해야 하나요?

강박증 클리닉 홈페이지 상담 사례

서울대학교병원 강박증 클리닉 홈페이지(http://ocd.snu.ac.kr)는 1998년 겨울에 개설됐으며 1999년 여름에 일부 내용을 바꾸면서 '상담실'과 '경험과 조언'이라는 섹션을 추가했다.

온라인을 통한 상담이 많은 문제점을 가지고 있음에도 불구하고 초기에 '상담실'을 유지하는 이유는 강박증에 대한 인식이 너무나 부족한 현실 때문이다. 진료를 통해 만나 본 많은 환자가 심한 증상을 가지고 있음에도 병이라는 인식이 없었으며, 심지어는 치료의 필요성을 느끼는 사람들조차 가족이나 친구들이 알게 될까 봐 병원을 찾지 않고 혼자 고통받고 있었다. 초기와 비교하면 현재는 강박증이라는 질병에 대해 많은 사람이 알게 되어, 홈페이지를 통한 상담은 진행하지 않고 있다.

강박증은 무엇보다 병에 대한 정확한 이해가 가장 중요하다. 이 홈페이지가 강박증의 실상을 일반인에게 더 많이 알리고 경각심을 불러일으켜, 많은 사람이 숨어 지내지 않고 떳떳하게 병원을 찾아 초기에 증상을 극복할 수 있게 되기를 바라는 마음 간절하다.

보통 사람도 가벼운 정도의 강박적인 경향은 갖고 있다. 험난한 현대 사회를 헤치고 살아가려면 가벼운 정도의 강박 증세는 의욕의 증거가 되기도 하며 또한 현대인에게 어느 정도는 필요한 요소라고도 할 수 있다. 다만 그 정도가 심하여 일상생활에 지장을 줄 정도가 되면 문제지만 자신을 점검하고 확인하는 일은 나태해지지 않겠다는 의지의 증거가 되기도 한다.

그러나 혼자 밤새워 고민하고 행동을 되풀이하는 그런 병적인 강박 증세는 증상을 드러내지 않고 자꾸 감추려 할수록 더욱더 심해진다. 그래서 강박 증상을 갖고 있는 사람들을 보다 넓은 토론의 장으로 끌어내기 위해 홈페이지를 만들었다.

단일 질환의 의료 사이트에서는 그 예를 찾아보기 힘들 만큼 많은 이들이 찾아와 본인이나 가족, 친구들의 증상을 상담하고 있다. 그 가운데에는 강박증을 연구하는 데 귀중한 사례들도 있으며 이제까지 강박증인 줄 모르고 고민하다가 마침내 병원에 가서 진료를 받게 된 사람도 많다.

이 홈페이지가 씨앗이 되어 현재 강박증으로 고생하는 사람과 가족

그리고 도움을 주는 사람들을 중심으로 강박증 자조 모임인 '강박증 도움회'가 결성되기도 했다. 앞으로 이 모임이 강박증을 앓는 모든 사람에게 큰 도움이 되리라 확신한다.

이 장에는 서울대학교병원 강박증 클리닉 홈페이지의 '강박증 상담실'에 올라왔던 질문과 그에 대한 답변을 정리했다. 질문 내용과 답변은 '강박증 상담실'과 다소 차이가 있다. 질문 내용을 수정한 것은 질문자의 사생활을 최대한 보장하기 위해서였으며, 답변 내용은 좀 더 상세하게 수정, 보완했다.

본문의 내용과 다소 중복되는 사례도 있지만, 실제의 생생한 사례인 만큼 도움이 되리라 여겨 옮겨 싣는다.

질문 지나치게 자주, 그리고 오래 씻고 있습니다

안녕하십니까? 저는 어려서부터 몸이나 제가 쓰는 물건을 물로 자주 씻는 습관이 있습니다. 지금은 대학을 졸업하고 독서실에서 시험 공부를 하는데 다른 사람이 사용한 의자나 책상 등을 제가 사용할 때는 항상 물로 씻은 후에 사용하고, 손에 무엇이든 닿기만 하면 비눗물로 두세 번씩 씻습니다. 또한, 제 옷에 누가 손을 대거나 무엇이 닿기만 해도 옷을 깨끗이 빨아야 직성이 풀립니다. 이런 습관은 제대 후 더 심해진 것 같고 요즘은 일정한 공간에서 같은 생활을 계속하니까 더욱 심해진다는 생각입니다. 이런 습관을 바꿀 수 있는지 궁금합니다.

—서울에서 S

나는 왜 나를 통제하지 못하는가

답변 강박 증상의 일종인 '더러운 것에 대한 두려움' 때문입니다. 다른 사람이 사용한 물건을 만지거나 사용하려면 더럽다는 생각 때문에 항상 깨끗하게 씻어야 안심이 되는 것입니다. 물건 자체가 더럽다는 생각보다 더러운 물건을 만짐으로써 균에 감염되고, 큰 병에 걸리지 않을까 하는 공포가 더욱 문제가 됩니다.

우리 주위에는 많은 균이 정상적으로 존재합니다. 하지만 인체의 면역체계 덕분에 병에 걸리는 경우는 극히 드물고, 따라서 일반인들은 크게 신경을 쓰지 않습니다. 하지만 강박적인 성향을 지닌 분들은 극히 예민하여 혹시나 공기 중 세균에 감염되어 큰 병에 걸리는 것은 아닌지 과도하게 걱정합니다.

강박 증상이 오래 계속되면 일종의 습관처럼 자신의 행동의 일부로 굳어져 버리는 경우가 있습니다. 습관은 큰 불편을 느끼지 않지만, 강박 증상은 심한 불편과 불안을 느끼게 됩니다. 상담하신 증상은 인지행동요법으로 극복되리라 생각됩니다. 인지행동치료는 강박증 홈페이지의 자료실이나 이 책을 참고하십시오.

질문 꼬리에 꼬리를 무는 생각이 저를…

저는 35세의 여성입니다. 한 아이의 엄마로서 전문의 시험을 준비하고 있습니다. 우연히 인터넷을 통해 강박증 클리닉에 들어와서 저와 같은 고통에 시달리는 분이 많다는 사실에 반가움과 눈물겨운 공감을 느끼면서 이런 클리닉을 운영하시는 교수님께 뜨거운 감사의 마음을 전합니다.

저는 작년에 전문의 시험을 준비하던 중 꼬리를 무는 잡념과 집중력 장애로 정신과를 방문하여 강박증 진단을 받고 약물치료를 하였으나 전문의 2차 시험에 실패하였습니다. 나름대로 위안을 하면서 하루하루 직장생활을 하고 있습니다.

저 자신에 대해 생각해 보면 상당히 오랫동안 강박 증세가 생활을 방해해 왔던 것 같습니다. 강박증은 만성적인 것이며 완치를 하려는 마음보다 잘 조절하여 생활을 잘해 나가려는 의지가 중요하다는 교수님의 말씀에 동의합니다. 인지행동치료에 대한 지침은 혼자서 실행하기가 어려울 것 같습니다. 보다 쉽게 자가 치료하는 방법을 알고 싶습니다. 감사합니다.

—한 여의사

답변 강박 증상이 멈추지 않고 계속되는 이유는 불안을 일으키는 반복적인 생각을 없애기 위한 행동을 반복하기 때문입니다. 이런 강박 행동을 하는 이유는 불안을 없애기 위해서입니다. 즉, 어떤 생각이 불안을 일으키고, 그 불안을 해결하기 위해 또 다른 생각을 하게 되고, 또 그 생각에 따르는 불안을 해결하기 위해 또 다른 생각을 하게 되는 등 끊임없이 생각이 계속되는 경우입니다.

그러나 여기에 큰 문제가 있습니다. 강박 행동을 하면서 경험하게 되는 불안의 감소는 강박 행동을 멈추는 것을 더욱 어렵게 만듭니다.

인지행동치료는 오히려 불안을 일으켜 불안을 견딜 수 있는 힘을 키우는 것입니다. 따라서 초기에 혼자서 하기는 힘들기 때문에 전문가의 도움을 받아야 합니다.

강박증에서 나타나는 중요한 문제는 불안이 아니라 반복적인 생각이나 행동입니다. 자신도 조절하기 힘든 반복적인 것들입니다. 이 반복적인 생각이나 행동을 억제하는 힘이 중요한 것이지, 불안을 줄이는 것이 목적이 아닙니다. 불안은 부차적인 것입니다. 대부분의 강박증 환자들은 불안을 없애기 위해 노력하는데, 이 때문에 오히려 불안이 더 심해지는 아이러니가 반복되는 것입니다.

약물치료로 증상이 어느 정도 호전되면 인지행동치료를 하여 약물을 중단하더라도 재발되지 않도록 해야 합니다. 현재 인지행동치료를 전문적으로 하는 곳은 많지 않습니다. 과거 강박증을 주로 정신치료적인 접근으로 해결하고자 하였기 때문입니다.

그러나 최근 약물치료와 인지행동치료가 가장 효과적이라는 사실이 밝혀지면서 차츰 이 분야에 관한 관심이 높아지고 있긴 합니다. 용기를 가지고 다시 2차 시험을 준비하여, 앞으로 전문의로서 보람된 생활을 하시기 바랍니다.

질문 아이가 코를 실룩거리고 눈을 끔벅거리는데…

안녕하세요. 이렇게 상담할 수 있어서 참 좋군요. 저는 올해 17세인 자식에 관한 상담을 하고 싶어서 이렇게 적어 봅니다. 제 아들은 어릴 때부터 코를 실룩거리는 버릇이 있었습니다. 그러더니 언제부턴가 그 버릇은 없어지고 눈을 끔벅거리는 버릇이 생기더군요. 다시 몇 년 뒤 그 버릇이 없어지더니 고개를 가끔씩 좌우로 돌리는 버릇이 생기면서 이제는 손을 반복하여 씻고, 샤워를 하면 물을 계속 틀어 놓고 있으며 어떤 질문에 대답한 걸 몇 번이고 확인합니다.

그리고 밤에는 무섭다며 불을 켜고, 방문을 열어 두고 잠을 자며 길을 걸어갈 때는 자꾸 뒤를 돌아보아서 왜 그러느냐고 물으면 누가 자기를 때릴 것 같다고 합니다. 게다가 차를 타고 갈 때는 길을 걷던 사람이 차로 뛰어들 것 같은 생각이 든답니다. 친구들과 잘 어울리지 못하고 자신감도 없고 집중이 안 된다며 공부도 하지 못합니다. 옷을 갈아입을 때는 방문을 꼭 잠가 놓고 다른 사람이 못 보게 합니다.

현재 지방에서 신경정신과 치료를 받고 있는데, 약을 먹이면 애가 잠에 취해서 정신을 못 차리고 눈동자가 흐려지고 이상해져서 약을 먹일 수가 없습니다. 어떻게 하면 좋을까요?
　―지방에서 강박증 자녀를 둔 아비

답변 아이는 전형적인 틱 증상과 강박 증상을 보이고 있습니다. 아이들인 경우 틱 증상과 강박 증상이 동반되는 경우가 많습니다. 틱 증상과 강박 증상이 같은 시기에 나타나기도 하고, 틱 증상이 없어지면서 강박 증상이 생기는 경우도 있습니다. 강박 증상도 여러 증상이 동시에 나타나기도 하며, 한 가지 증상이 있다가 시간이 지나면서 다른 증상으로 바뀌는 경우도 있습니다.

과거에는 정신과에서 사용하는 약물 가운데 부작용이 많은 약이 많았습니다. 그러나 최근에는 부작용이 적은 약이 많이 개발되어 사용되고 있습니다. 귀하의 자녀는 증상이 심한 것으로 판단되니 일단 약을 복용하여야 할 것 같습니다.

그러나 약물을 정확하게 조절하여 부작용을 줄이는 것이 필요할 것으로 보이니, 치료받는 선생님께 자세하게 말씀을 드려 약물을 조절하시기 바랍니다.

질문 손에서 자꾸 냄새가 나요

언제부터인지 잘 모르겠는데 손에서 자꾸 냄새가 납니다. 남들이 만졌던 자리는 만지기도 싫습니다. 다른 집에 가도 꼭 병이 옮을 것 같아 제대로 앉아 있지도 못한답니다. 우리 집에 누가 왔다 가면 다시 청소를 해야 하고, 걸레를 빨고 난 후면 몇 번씩 손을 씻습니다. 이러니 제 손에서는 습진이 없어질 날이 없답니다. 네 살짜리 아이가 있는데 변을 보고 나면 꼭 물로 씻기고 저 또한 그런답니다. 한 달에 한 번 정도는 하도 빨고 삶아서 낡아진 걸레를 버립니다. 요즘같이 땀이 많이 나는 날엔 목욕을 7~8번 하고, 옷도 여러 번 갈아입습니다. 일종의 병인가요?

—서울에서 K

답변 손에서 냄새가 난다는 증상은 강박증일 수도 있고, 또는 드물게는 망상장애일 수도 있습니다. 냄새가 확실히 난다고 믿고 있다면 정신병적 증상일 수 있지만, 사실 냄새가 안 난다는 것을 알고 있음에도 불구하고 냄새가 나는 것 같은 생각이 자꾸 반복적으로 든다면 강박 증상으로 보입니다. 다른 증상을 같이 고려해보면, 강박증일 가능성이 높은 것 같습니다. 치료가 필요한지는 본인이 어느 정도 고통을 받고 있는지에 달려 있습니다. 불편을 심하게 느끼시면 치료를 받으시기 바랍니다.

질문 남자 친구가 같은 말을 반복하고, 길에서 다른 남자와 스치기만 해도…

만난 지 1년이 넘은 남자 친구가 있습니다. 이 친구는 제게 매우 세심한 부분까지 신경을 쓰며 잘 대해 주었고, 매사에 성실하고 위트가 있는 사람이었습니다. 그런데 언제부터인가 너무나 예민해져 제가 이해하기 힘든 말과 행동을 하기 시작했습니다.

처음에는 간혹 똑같은 말을 세 번씩 되풀이했습니다. 어느 날 가벼운 말다툼 끝에 별생각 없이 왜 그러느냐고 물었습니다. 그런데 제 남자 친구는 심각하게 자신의 콤플렉스라면서 마음이 불안할 때면 그렇다고, 특히 자신의 어머니와 저에게만 그렇다면서 고치려고 노력하니 도와 달라고 했습니다.

저는 누구나 갖고 있는 버릇의 하나라고 여기고 고쳐지겠지 생각했습니다. 그런데 시간이 지날수록 증상은 더욱더 심각해져만 갑니다.

나는 왜 나를 통제하지 못하는가

자신이 불안해서 말도 안 되는 말을 하면서 그것이 말도 안 된다는 것을 제 대답으로 확인하려고 하는데, 그럴 때면 항상 '네, 당연히 절대로 말도 안 되는 겁니다'라는 대답을 들어야 하며 자신과 눈을 꼭 맞추어야 합니다.

그리고 가장 심각한 건 제 주위에 나이 어린아이부터 할아버지까지 남자만 있으면 항상 예민해진다는 것입니다. 지하철에서 빈자리가 생겨도 옆에 남자가 있으면 절대로 앉아서는 안 되고, 사람이 많은 곳이라 남자랑 조금만 스치고 지나가도 난리가 납니다. 어느 정도의 거리를 두고 따라오면서 제 주위에 남자가 있으면 예민해지며 저 보고 그 사람을 좋아하느냐며 말도 안 되는 소리를 합니다.

어딜 가든 절 항상 데리러 오고 데려다주어야 합니다. 스스로도 자신이 과민 반응을 보인다는 걸 알고, 많이 힘들어합니다. 저도 지치고 힘이 들어 몇 번이고 헤어지자고 했지만, 그때마다 그 사람은 제가 도와주지 않으면 자신은 절대 변화할 수 없다면서 절 위해서라도 빨리 고치겠다며 힘겹게 노력하는 모습을 보입니다.

그런데 한번 불안감이 들면 스스로를 통제하지 못합니다. 반년 전쯤에는 신문에 난 강박증에 관한 기사를 제게 보이며 혹시 강박증이 아닐까 하면서 고민을 했습니다. 그때는 설마 했는데 시간이 지날수록 남자 친구의 증상이 강박증인 것만 같습니다. 저도 남자 친구를 도와주고 싶습니다.

─남자 친구를 걱정하는 여자

답변 질문의 내용만으로는 강박증인지 아닌지가 불명확합니다. 남자 친구가 의심이 많은 것 같군요. 남자 친구가 보이는 것이 성격에서 비롯되는 문제인지, 아니면 다른 문제인지는 상담이 필요할 것입니다. 편집적 성격인 경우에는 남을 잘 믿지 못하여 의심하고, 다른 사람의 행동이나 말에 숨은 뜻이 있지 않나 의심을 잘합니다. 사소한 일에도 쉽게 흥분하고 화를 잘 내며, 자주 다투고, 다른 사람과 친밀한 관계를 만들지 못합니다. 계속해서 문제가 발생하면 남자 친구를 설득하여 가까운 병원을 방문해 보시는 것이 도움이 될 것 같군요.

질문 못생긴 제 얼굴을 사람들이 비웃는 것 같아요

선생님, 추모 공포로 고생하고 있습니다. 외모 때문에 사람들이 저를 비웃거나 무시한다고 생각하는 건 기본이고, 아침에 거울을 보면 그날은 아무것도 할 수가 없어요. 지금은 삶의 의욕을 잃은 상태입니다. 죽고만 싶은 심정… 으악!

이 증상에 대해서 글을 읽어 봤는데 저하고 똑같아요. 이런 증상도 강박증인 줄 오늘 처음 알았습니다. 저는 병을 치료하고 싶어요.

―서울에서 꺼질 듯 타오르는 촛불

답변 신체에 대한 강박 증상도 우리 주위에서 흔히 찾아볼 수 있는 증상 가운데 하나입니다. 그러나 실제보다 과장되게 자신의 외모가 추하다거나, 혹은 자신의 신체 일부분의 모양이 이상하게 생겼다고 믿고 있는 신체이형증이라는 질환이 있습니다. 이 병의 특징이 신체의 이상에 대해 계속 강박적인 생각을 하는 것이기 때문에 최근 들어 강박증의 한 형태로 분류해야 한다는 주장이 제기되고 있습니다. 그러나 강박증 환자는 자신의 증상이 비합리적이라는 사실을 알고 있지만, 신체이형증인 경우에는 실제로 자신의 모습이 추하다고 믿는다는 점에서 약간의 차이가 있습니다. 신체이형증을 가진 환자들은 심한 고통을 느끼게 됩니다.

질문에도 나와 있듯이 거울을 자주 보면서 자신의 신체를 점검하기도 하고, 다른 사람들이 자신의 이상한 신체에 대하여 수군거리고 조롱한다고 느끼기도 합니다. 자신감이 부족하고, 다른 사람들이 이상한 신체 때문에 자신을 좋아하지 않을 것이라고 생각해 우울증이 동반되는 경우가 많으며, 때로는 술이나 마약에 빠지기도 합니다.

신체이형증을 가진 사람들은 자신의 추한 모습을 고치기 위해 성형 수술을 원하는 경우가 많습니다. 그러나 이 병은 실제로 신체가 이상한 것이 아니고 이상하다고 믿는 생각 자체가 문제이므로 성형 수술로 해결되지 않습니다. 수술 후에도 자신의 신체가 이상하다고 생각하는 믿음이 바뀌지 않는 한, 병은 낫지 않습니다. 신경정신과를 방문하여 치료를 받으시면 도움이 될 것입니다.

질문 남편이 바람을 피운 충격으로도 강박증에 걸리나요?

제 남자 친구의 어머니에 대해 상담을 하고 싶습니다. 그분은 설거

지하는 시간, 음식 준비하는 시간 등 모든 것이 오래 걸립니다. 그리고 가족들이 밖에서 돌아오면 머리부터 발끝까지 씻기를 강요하신답니다. 그래서 처음에는 가족들과 많이 부딪히기도 했답니다. 또 집에 계시는 동안에는 절대 문밖에는 안 나가십니다. 게다가 외출은 한 달에 두 번 정도밖에 안 하십니다. 사람 만나는 걸 싫어하시고요.

남자 친구 이야기로는 아버님의 외도 문제로 심하게 다투신 다음부터 그러셨답니다. 남편의 외도 때문에 그렇게 될 수도 있는 건가요?

어머님의 증상은 10년 정도 된 것 같다고 합니다. 가족들은 거의 포기하고 지내는 것 같아요. 어머님의 증상이 호전될 방법은 없나요? 좋은 방법이 있으면 알려 주시면 감사하겠습니다.

—서울에서 H

답변 스트레스에 의하여 일시적으로 강박 증상을 보일 수는 있습니다만, 강박증은 순전히 스트레스만으로는 발병하지 않습니다. 겉으로는 어떤 사건 후에 강박 증상이 나타난 것으로 보이더라도, 사실 강박증을 일으킬 수 있는 소인을 본인이 가지고 있으면서 잘 지내오다가 어느 시점에서 스트레스에 의해 겉으로 나타나는 것으로 이해하시면 되겠습니다. 일단 강박 증상이 나타난 후에는 스트레스에 의하여 증상이 악화되기도 하고 호전되기도 합니다.

강박증 치료에 가장 중요한 것은 본인이나 주위에서 병을 잘 이해하는 것입니다. 일부에서는 병으로 인정하지 않고, 병원에 가는 걸 싫어하기 때문에 치료가 안 되는 경우가 많습니다. 무조건 병원에 가자고 하는 것보다 적절한 정보를 주어 본인 스스로 증상을 먼저 깨닫게 하는 것이 치료의 첫걸음입니다.

질문 물건들이 제자리에 있지 않으면 불안해서…

대학에서 건축을 공부하는 4학년 학생입니다. 10년 전부터 계속된 강박증을 없애려고 여러 가지 노력을 했지만… 요즘은 설계실 책상을 순서대로 청소하고 정리를 하는데, 며칠 동안은 괜찮다가 다시 책들이 제자리에 있는지 확인해야 하고, 그다음엔 언제 다시 청소와 정리를 해야지 하는 생각을 합니다. 그리고 또 청소하고 정리하는 행동을 반복합니다. 그리고 이런 것들을 확인하지 않으면 불안해서 아무것도 할 수가 없습니다. 또 바지 주머니에 열쇠나 지갑은 잘 들어 있는지 확인을 계속하게 됩니다. 어떻게 하면 이런 행동을 확실히 없앨 수 있습니까? 답변 좀 부탁드립니다.

—서울에서 L

답변 강박증은 만성적인 병입니다. 일시에 강박 증상을 완전히 없애기는 불가능합니다. 증상을 '완전히' 혹은 '확실히' 없애려고 하는 것 역시 강박증의 한 증상일 수 있습니다.

인간은 누구나 일상생활에서 조금은 강박적일 수 있습니다. 문제는 확인하고 싶고 완벽하게 정리하고 싶은 마음을 조절하지 못하고 그런 행동을 반복하는 것입니다. 확인하고 완벽하게 정리하고 싶은 마음이 들더라도 적절하게 자신의 생각이나 행동을 조절하면서 고통 없이 생활할 수 있도록 하는 것이 중요합니다.

질문 남자 고등학생들이 불결해 보이더니 이젠 남자들까지…

25세의 대학원생 남자입니다. 중학교 때에 친구들이 불결하다는 생각에 학교를 자퇴하고 검정고시를 쳐서 대학에 들어갔습니다. 그 뒤로 고등학생 특히 남자 고등학생이 불결하게 생각되어 이들과 연관된 모든 것에 몸이 닿으면 씻고 옷도 벗고… 그런 식으로 그럭저럭 지냈는데 올해 초부터는 갑자기 남자들이 불결해 보이기 시작했습니다. 특히 남자들이 소변을 본 후면 그 손이 더럽게 느껴집니다. 혹시 그 손에 정자가 묻어 있지는 않나 하는 생각이 들고 여자 친구에게 그게 묻지는 않을까 걱정하고 있습니다. 저는 나름대로 자기 통제를 잘하는 편인데… 선생님께 확인을 받고 싶어서 글을 올립니다.

─대학원생

답변 강박 증상이 확실합니다. 오염에 대한 지나친 공포와 불안이 문제입니다. 보통 사람들은 평소 균에 의한 감염에 크게 신경 쓰지 않지만, 질문하신 분은 더러운 것에 대한 과도한 공포를 가지고 있습니다. 강박증에는 약물치료와 인지행동치료가 필요합니다. 전문의와 상담을 하시기 바랍니다.

남편은 연필로 쓰인 '0'이라는 숫자만 보면 몹시 화를 내고 그 물건을 버리라고 합니다. 아이가 초등학생인데 아이의 책가방, 노트 등 모든 것을 보지 않으려 하고 제가 아이 책가방을 챙겨 주면 제 옆에 서서 오랫동안 손을 씻을 것을 강요합니다. 만일 자기 몸에 노트, 책 같은 것이 닿으면 옷을 모두 벗어서 깨끗이 빨라고 하며 목욕을 오랫동안 합니다. 그리고 자기 옷은 남이 개지 못하게 하고 오랫동안 손으로 문질러 빨곤 합니다. 제 몸을 만질 때도 아주 이상하고 경직된 손놀림으로 하므로 부부생활도 불만족스러울 때가 많고, 아이와도 가까이 지내지 못합니다. 처음엔 성격 차이로 생각하고 이혼을 고려한 적도 있었으나 지금은 병적인 상태가 느껴져 관찰 중인데, 강박증으로 치료를 받아야 하는 증상인지요?

—서울에서 N

답변 강박증의 증상에는 별로 의미 없는 숫자나 단어에 특별한 의미를 부여하는 경우가 있습니다. 이를 의학 용어로는 '마술적 사고'라고 합니다. 우리나라에서는 특히 4자와 관련된 것이 많으며, 서양에서는 13과 관련된 것이 많습니다. '13일의 금요일'에는 불길한 일이 발생할 것이라는 불안감도 집단적인 마술적 사고의 한 형태라 할 수 있습니다. 일종의 징크스와도 관련이 있겠죠. 남편이 0이라는 숫자에 과도하게 민감하고 화를 내는 것도 이런 증상의 하나라고 생각됩니다. 아마 남편은 부인이 느끼는 불편보다 더 심한 고통을 겪고 있을 것입니다. 강박증에 대한 설명을 해주고, 치료를 받도록 권유하시기 바랍니다.

질문 강박증 치료받으러 가는데 "뻥 아냐?"라고 말하는 선생님이 미워요

저는 강박증을 앓고 있는 학생입니다. 우리나라 사람들의 강박증에 대한 인식은 어느 정도 되나요? 저는 막 화가 납니다. 제가 병원에 가야 해서 조퇴를 하려는데 선생님이 "그건 자기 힘으로 극복해야지, 약 같은 것을 먹어서 되겠느냐?" 하시더군요. 그 순간 저도 모르게 화가 났습니다. 혼자서 머리 터지도록 극복하려고 했지만 아무 소용이 없었습니다. 오히려 증상만 더 악화될 뿐이었습니다.

다음에 또 조퇴를 하려고 했더니 이번엔 "뻥 아냐?" 하시더군요. 하긴 처음에는 부모님조차 공부하기 싫어서 꾀병을 부린다고 했지만요. 왜 우리나라에서는 텔레비전에서 강박증에 대한 것을 방영하지 않을까요? 고생하는 사람이 많고 주위 사람들이 이 병에 대해 무지한데도 말이에요. 매체를 통해 홍보해서 강박증에 대한 사람들의 이해를 도와야 하지 않을까요?

—강박증 학생

답변 저도 같은 생각입니다. 아직도 많은 사람이 강박 증상을 이해하지 못하며, 심한 경우에는 꾀병이라고 생각하기도 합니다. 마음을

나는 왜 나를 통제하지 못하는가

강하게 갖고 자신의 힘으로 극복해야 한다고만 생각하지, 병으로는 인식하지 못합니다. 강박 증상은 스스로 어떻게 할 수 없는 반복적인 생각과 행동 때문에 고통을 느끼는 질환입니다. 물론 경미한 증상일 경우 의지로 그 생각을 억제할 수 있습니다. 하지만 심한 경우에는 아무리 본인이 의지를 갖고 노력해도 해결할 수 없습니다. 그러나 이런 경우 주위에서 마음이 약하다거나 의지를 굳게 가지라든가 하는 식으로 이야기하면 환자들은 굉장히 화가 납니다. 정작 본인은 아무리 노력해도 해결이 안 되는데, 마치 심약한 사람으로 취급하고 이해하지 못하기 때문이지요.

외국에서는 일반인에 대한 홍보, 학교에서의 교육 등을 많이 하고 있습니다. 곧 결성될 강박증 자조 모임에서도 이런 일을 할 수 있으리라 생각합니다. 보다 많은 사람이 강박증을 이해하고 조기에 치료를 받을 수 있도록 도와줄 수 있는 날이 올 것으로 생각합니다.

질문 밤낮을 다르게 사는 생활이 강박증을 더 심하게 만드는지요?

저는 직업이 컴퓨터 프로그래머입니다. 직업상 어쩔 수 없이 밤낮이 바뀐 생활을 하고 있습니다. 밤 11시쯤 작업을 시작해서 새벽 6시까지 일을 하고 아침 7시에 잠자리에 들지요. 그리고 다시 오후 2~3시쯤에 일어나는 생활을 7년 정도 해 왔습니다. 강박 증상이 있는 사람은 밤낮이 바뀐 생활을 하면 좋지 않다고 하던데….

낮에 일하는 직업으로 바꾸어야 하는지 궁금합니다. 게다가 컴퓨터 프로그래머란 세심한 부분에 신경을 써야 하는 일이 많은 직업이라 걱정이 됩니다. 아무래도 직업을 바꾸어야 할까요?

—컴퓨터 프로그래머

답변 건강해지는 것은 자연과의 조화를 통하여 가능한 것입니다. 정신적인 면이나 육체적인 면 모두 자연의 섭리에 따르는 것이 건강을 유지할 수 있는 비결의 하나입니다. 옛사람들은 해가 진 후에는 일하지 않았습니다. 그리고 해가 뜨는 것과 동시에 일어나 일을 했습니다. 밤에는 자고 낮에는 일하는 것, 이것이 자연의 이치입니다. 밤에 일하고 낮에 자는 것은 우리 신체가 자연의 이치와 역행하는 것입니다. 가능하면 밤에 자고 낮에 일하는 것이 좋다고 봅니다. 또한, 우리 신체의 호르몬은 일중 변화가 있는데, 밤낮이 바뀌어 있으면 호르몬의 일중 변화가 깨질 가능성이 있습니다. 결국 강박증에서 중요한, 억제를 가능하게 하는 정신력은 신체적으로 건강할 때 더욱 강력해지는 것입니다.

그러나 오랫동안 낮과 밤이 바뀌어 생활했다면 신체도 어느 정도 적응이 되었을 것입니다. 밤낮이 바뀐 생활 자체가 강박 증상에 나쁘다기보다는 그런 생활이 얼마나 스트레스로 작용하느냐가 문제가 될 것입니다. 신체가 이미 바뀐 생활에 적응이 되어 있다면 별문제가 없으리라 생각합니다.

또한, 강박적인 성격은 부정적인 측면만 있는 것이 아니고, 일을 확실하게 하는 장점이 되기도 합니다. 컴퓨터 프로그래머라는 직업은 조그마한 오류도 허용하지 않기 때문에 오히려 다른 사람에 비해 더 잘할 수도 있을 것입니다. 너무 걱정하지 마시고 열심히 일하고 즐겁게 생활하는 것이 강박증 예방에도 도움이 됩니다.

질문 강박증을 뇌수술로 고칠 수 있는지요?

인터넷 사이트를 뒤지다가 어느 병원의 홈페이지를 보게 되었습니다. '강박증은 뇌의 한 부분에 혈류량이 활성화한 것이므로 머리에 미세한 구멍을 뚫어 그 부분을 치료하면 된다'고 나와 있더군요. 사실인지 궁금합니다.

—아무개

답변 정신적인 문제를 간단한 뇌수술로 해결할 수 있다는 것은 상식적으로 이해하기 어렵습니다. 그러나 강박증은 뇌의 이상으로 인해 발병하는 것으로 밝혀져 수술을 하기도 합니다. 하지만 뇌수술은 가장 나중에 선택할 수 있는 방법입니다. 뇌를 수술할 경우 후유증이 나타날 수 있기 때문입니다.

다른 모든 치료 방법을 동원해도 치료가 되지 않는 강박증인 경우에 뇌수술을 할 경우 30~50% 정도의 효과가 있는 것으로 보고되고 있지만, 전문가 모두가 인정하는 것은 아닙니다. 따라서 외국에서는 강박증 환자의 뇌수술이 엄격한 기준에 의하여 시행됩니다. 그 기준은 약물치료와 인지행동치료 등 가능한 방법을 모두 동원하여 적어도 몇 년 동안 치료한 후에도 효과가 나타나지 않을 경우에만 시행하며, 40세 이전에는 하지 않는 것이 보통입니다.

국내에서도 뇌수술을 시행하고 있기는 하지만, 그 기준을 엄격히 적용해야 하며 이는 전문가의 판단에 의해서만 가능합니다. 흔히 환자들은 스스로의 노력이 요구되는 인지행동치료는 하지 않고 뇌수술로 쉽게 좋아지길 원하는데, 이는 잘못된 생각입니다. 뇌수술은 신중히 결정해야 하며, 마지막으로 선택할 수 있는 방법이라는 것을 말씀드리고 싶습니다.

질문 강박증으로 신경을 쓰면 빨리 늙나요?

저는 예전에 강박증으로 고생한 적이 있습니다. 혹시 옥상에서 떨어져 죽는 건 아닐까 하는 생각으로 한 달 조금 넘게 하루 종일 그 생각에 얽매여 불안해했습니다. 그 결과 앞부분의 머리카락이 자라지 않아 고생을 했고, 소화도 잘 안 되고 설사도 했습니다. 그렇게 지내다 문제가 해결되어 머리도 다시 자라고 소화도 아주 잘 되었습니다.

그런데 최근에 이런 생각을 하게 되었습니다. '신경을 많이 쓰면 빨리 늙는다'는 말을 많이 들었는데 '혹시 예전에 강박증으로 신경 쓴 것 때문에 내 얼굴이 나이에 비해 늙어 보이는 건 아닐까' 하는 생각을 하게 되었습니다. 그래서 다시 불안해지고, 가슴이 두근거리고, 소화도 잘 안 되고, 하루 종일 그 생각에만 얽매여 있습니다. 또 늙어졌다고 생각하니 삶이 절망적으로 느껴지기도 합니다.

　제 얼굴이 늙어졌을까요? 조언을 부탁드립니다.

　—무명씨

답변 강박 증상 자체는 신체 증상과 직접적인 관계가 없습니다. 또한, 강박적인 생각이 반복된다고 하여 빨리 늙는 것은 아닙니다. 그러나 강박증으로 인하여 우울 증상이 나타나고 각종 신체 증상이 2차적으로 나타날 수는 있습니다. 이는 스트레스에 의한 반응이지 강박증과는 무관합니다.

질문 **시험 전에 나타나는 강박 증상**

　안녕하세요? 저는 서울에 사는 고등학교 2학년 학생입니다. 저는 고등학교 1학년 때부터 바지 지퍼에 자꾸 신경이 쓰였습니다. '내가 깜빡 잊고 바지 지퍼를 안 잠그면 어떻게 하나' 하는 생각 때문에 불안해서 자꾸 확인하게 됩니다. 다른 것에 집중해 있을 때는 괜찮았습니다.

　2학년이 되어 첫 중간고사를 치르는데 교복 단추는 잘 채워졌는지, 치마는 가지런히 되어 있는지 자꾸 신경이 쓰였습니다. 그리고 확인을 했음에도 불구하고 안 좋은 상황이 생길까 봐 시험에 집중하지 못하고 자꾸 불안해했습니다.

　이런 증상은 시험 후 몇 주간 계속되다 없어져 요즘에는 마음도 편안하고 그런 생각도 많이 사라졌습니다. '강박증이면 어떻게 하지' 하는 생각에 사흘 정도 아무 일도 못하고 식음을 전폐하면서 걱정한 다음이었습니다. 제가 너무 걱정을 해서 그런 건가요?

요즘은 2학기 시험을 볼 때 그 증상이 다시 나타나면 어떻게 하나 하는 걱정뿐입니다. 개학하면 시간이 없을 텐데 그러면 정말 대책이 없을 것 같아서요. 상담 부탁드립니다.

—허준 팬

답변 강박 증상은 스트레스에 의하여 호전과 악화를 반복합니다.

특히 학생들의 경우 시험 기간이 되면 증상이 심해져 공부를 할 수 없으며, 시험이 끝나면 증상이 없어지기도 합니다. 또한, 학교에 다닐 때는 증상이 있다가 방학이 되면 좋아지기도 합니다. 강박 증상이 심하지 않을 때 극복하는 훈련을 하는 것이 필요합니다. 증상이 심할 때는 심한 불안 때문에 훈련을 할 수 없습니다. 그러므로 증상이 없을 때 나중을 위하여 극복 훈련을 하는 것이 무엇보다 중요합니다.

질문 '인간'으로 인한 강박증은 어떻게 해야 할지…

아직 병원에 가 보지는 않았지만, 인터넷을 통해서 저 자신이 강박증에 시달리고 있다는 것을 알게 되었습니다. 제 증상이 병이라는 것을 알고, 고칠 수 있다는 사실을 접하게 되어 일단 안심이 됩니다. 그리고 무엇보다도 저 자신이 강박증을 앓고 있다는 사실을 인지하자마자 신기하게도 출근 시간에 문 잠그는 것을 확인하는 행동이, 완전히는 아니지만, 전보다 많이 줄어들었습니다.

또한, 가스를 잠그고 수도를 확인하는 일도 이제 예전의 3분의 2가량으로 줄었습니다. 특별히 노력한 것도 아닌데 말입니다. 저절로 자연스럽게 그렇게 되었지요.

그런데 제가 이렇게 글을 올리는 이유는 다음과 같습니다. 단순한 외적인 사항, 즉 불이 나면 어떻게 하나, 도둑이 들면 어떻게 하나, 병에 걸리면 어떻게 하나 등에 대해서는 이곳 홈페이지에 있는 자료를 읽는 것만으로도 많은 도움이 되었는데, 상대적인 사고에 있어서는 어떻게 해야 할지 정말 모르겠습니다.

이를테면 '사람'을 둘러싼 인간관계를 말하는 것입니다. 구체적으로 말씀드리면 사람들의 싫은 모습이 수시로 플래시백되는 것입니다.

제 마음과 달리 틈만 나면 자꾸 생각이 떠오릅니다. 그래서 요즘은 하루 종일 얼굴을 찌푸리고 있습니다. 저 자신이 너무나 한심하고 애처롭습니다. 직장을 잃고 싶지 않습니다. 도와주세요.

—L씨

답변 여러 번 말씀드렸지만, 강박증의 치료에서 가장 중요한 것은 병에 대한 정확한 인식입니다. 환자뿐만 아니라 주위의 가족, 친구들의 이해 역시 중요합니다. L씨 역시 자신의 증상이 강박증이라는 사실을 깨달은 순간 증상의 3분의 2가 좋아진 것입니다. 자신의 증상이 왜 나타나며 어떤 의미가 있는지를 깨달아야 합니다.

싫은 사람의 얼굴이 자꾸 떠오르는 것 역시 강박증의 일종입니다. 이 증상도 약물 혹은 인지행동치료를 하면 좋아질 것입니다.

질문 위암, 대장암, 폐암, 아니 척수암일지도 몰라…

전 19세의 남자입니다. 그런데 한 달 전부터 제가 무슨 죽을병에 걸린 건 아닌지 걱정이 됩니다. 밥을 먹어도 속이 안 좋고 변도 이상해서 인터넷을 찾아보니 제가 위암이나 대장암인 것 같아 걱정을 한 게 시작이었던 것 같습니다. 병원에 가서 약을 먹으니 괜찮아지는 것 같았습니다.

다음에는 가슴에 통증이 느껴져 인터넷을 뒤져 본 결과 폐암이 아닐까 하는 생각이 들었지요. 그래서 병원에 갔더니 그냥 기관지염이라고 하더군요. 목에 혹이 났을 때가 제일 무서웠습니다. 동네 병원에 갔더니 임파선이 조금 부었다고 하더군요. 아무래도 안심이 되지 않아 엄마와 함께 대학병원에 갔는데 엑스레이(X-ray)를 찍으라고 하더니 약만 주었습니다.

약을 먹고 좀 가라앉았는데 요즘은 목과 허리가 아파서 혹시 척수암은 아닌지 혹시 뇌에 이상이 있는 것은 아닌지 걱정이 됩니다. 어제 병원에 갔더니 또 약만 주었습니다. 큰 병에 걸린 게 아니란 건 알고 있지만, 생각은 그렇지가 않습니다. 이 사이트에 있는 강박증 자가 진단을 해보니 병원에 가야 하는 상황으로 나왔습니다. 지난밤에는 뒷

골이 아팠는데 이건 또 무슨 병인지…. 답변 주시면 정말 감사하겠습니다.

—무명씨

답변 건강 염려증인 것으로 생각됩니다. 건강 염려증 역시 반복적으로 자신이 큰 병에 걸린 것으로 생각하는 증상이 있기 때문에 강박증과 관련이 있는 질병으로 봅니다. 건강 염려증 환자는 신체적 증상이 조금만 있어도 큰 병이 걸린 것으로 생각하여 병원에 가서 비싼 검사를 받습니다. 결과가 정상으로 나와도 의사를 믿지 못하고 이 병원저 병원을 돌아다니며 각종 검사를 하곤 하는 소위 '의사 쇼핑'(doctor shopping)을 합니다. 병원에서의 검사나 의사를 믿는 태도가 필요합니다. 자신도 어쩔 수 없이 불안해지면 약물의 도움을 받는 것도 필요할 것입니다.

3

나는 피곤하게 살고 싶지 않다

1장

강박증 치료는 어떻게 해야 하나?

치료 방법 및 시기와 주의점

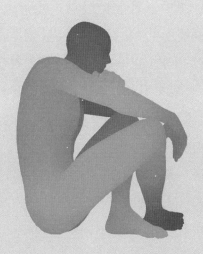

강박증의 정신치료

중요한 것은 잘못된 행동을 바꾸겠다는 의지

강박장애는 분명 뇌의 이상과 관련이 있는 뇌 질환이다. 따라서 스트레스를 푼다거나 마음을 편하게 가진다고 치료가 되는 질환이 아니다. 그러므로 강박증을 치료할 때 신경정신과 전문의의 도움은 필수적이다. 한 보고에 의하면 강박증의 증상이 처음 시작된 후 전문가로부터 적절한 치료를 받게 될 때까지 약 17년이 걸린다고 한다. 그만큼 강박증은 발병된 후에도 전문가의 도움을 받지 못한 채 그냥 방치되는 경우가 많다는 것을 알 수 있다.

강박증에는 약물치료와 인지행동치료가 가장 효과적이라고 알려져 있지만, 일부 환자의 경우에는 정신치료가 필요하기도 하다. 특히 강박적 성격장애 환자인 경우에는 약물이나 인지행동치료로는 별 효과가 없고, 정신치료가 효과가 있는 경우가 많다.

정신치료는 정신과에서 가장 많이 사용되는 전통적인 치료 방법으로 치료자와 면담의 형식으로 이루어지는 것이다. 이는 환자가 겉으로 행하는 행동보다 그러한 행동을 일으키는 무의식적인 동기를 이해함으로써 문제를 해결하는 방법이다. 따라서 정신치료를 할 때 의사는 환자가 가지고 있는 고통, 방어 기제 등을 살펴보고 문제 해결을 돕는다.

위험을 피하지 않고 직면하게 한다

강박증 환자의 정신치료에서 가장 많이 부딪히는 문제가 '통제'와 관련된 문제다. 의심이 많으며 완벽주의적인 성격은 자신의 심리적인 현상뿐만 아니라 외부 세계를 완벽하게 통제하려는 신경증적인 행위를 나타내기 때문이다. 강박증 환자는 자신이 잘못된 결정을 내려 나쁜 일이 일어날 것 같은 생각 때문에 우유부단하고, 결정을 잘 내리지 못하며 심지어는 결정 자체를 피하게 되는데, 이렇게 함으로써 자신을 둘러싼 세계를 안전하고 걱정 없게 만들 수 있다는 일종의 잘못된 믿음을 갖고 있다.

이 세상에 완벽한 것은 없다. 전혀 위험이 없는 것이라고는 존재하지 않는다. 삼풍백화점이 무너졌다고 백화점에 가지 않을 수 없고, 성수대교 붕괴 때문에 불안하다고 한강 다리를 건너지 않을 수는 없다.

작은 위험은 참고 견뎌야 한다. 강박증 환자가 위험을 피하지 않고 대면하게 하는 것은 정신치료의 첫걸음이라고 할 수 있다. 정신치료의 정통적인 방법에서는 치료자가 오랫동안 환자의 문제에 개입하지 않고 듣는 시간을 충분히 갖지만, 강박증 환자의 경우에는 정신치료 초기부터 적극적으로 개입하는 것이 일반적이다.

강박증의 정신치료는 명확한 목표를 갖는 것이 좋다. 어떤 행동을 하기 전에 왜 불안한지를 먼저 살펴보도록 한다. 불안이란 누구에게나 나타나는 자연스러운 현상이며, 정도의 차이는 있지만 모든 인간의 행동에 불안이 동반된다는 사실을 받아들이도록 한다. 이렇게 함으로써 모든 것을 완벽하게 하려는 행동을 포기하게 만드는 것이다. 다시 말하자면 인간으로서의 한계를 받아들여야 한다.

과거에만 집착하는 것은 치료에 좋지 않다

강박증의 정신치료에서 과거 문제를 너무 오랫동안 다루는 것은 좋지 않다. 환자는 과거 사건에 대한 기억이 정확한지에 대해서도 끊임없이 의심하는 경향이 있기 때문에 다람쥐 쳇바퀴 돌듯이 끝없이 의심하고 확인하게 된다. 보다 확실하고 명백하며 의심의 여지가 없는 현재 상황을 중심으로 문제를 풀어 가야 한다. '지금, 여기'의 상황에서 치료가 이루어져야 하는 것이다.

강박증의 치료에서 가장 중요한 것이 환자가 변화하려는 강한 의욕과 필요성임을 일깨워 주는 사례가 있다. 강박증 클리닉으로 유명한 매사추세츠 병원의 마이클 제니케는 자신의 경험을 이렇게 소개한다.

아주 심하게 반복적으로 손을 씻는 행동을 보이는 여자 환자가 있었다. 그녀는 약물치료와 인지행동치료를 포함한 모든 치료를 받아도 증상이 호전되지 않았다. 우리는 할 수 없이 마지막 치료 방법으로 뇌수술을 권했고 이어 신경외과에 뇌수술을 의뢰했다. 그러자 이 환자는 자신이 뇌수술을 받아야 할 만큼 증상이 심하다는 것을 깨닫게 되었고, 그 후 3개월 만에 증세가 호전되었다.

위의 사례에서도 알 수 있듯이 강박증 치료에서 무엇보다 중요한 것은 잘못된 행동을 바꾸겠다는 환자의 의지라고 할 수 있다. 강박증을 가진 사람은 이런 집중적인 정신치료가 아니더라도 강박 증상과 싸우느라 고통받고 있기 때문에 남다른 의지가 필요하다.

강박증의 약물치료 I

호전되기까지는 많은 시간과 끈기가 필요하다

고등학생인 K군은 옆자리에 앉은 친구의 비듬이 자기 교복에 떨어진 것을 보고 더럽다는 생각이 들었다. 그러면서 학교에 관련된 모든 것이 더럽다는 생각이 들기 시작했다.

K군은 학교에 다녀오면 항상 깨끗이 샤워를 하고, 매일매일 새 옷으로 바꿔 입었다.

이 생각이 점점 더 커지면서 학교가 위치한 서초구와 관련된 모든 것이 더럽다는 생각이 들어 서초구와 관련된 것을 보기만 해도 자신이 더럽혀졌다는 느낌 때문에 집에 돌아와 몇 번씩 샤워를 했다.

K군은 재수를 하게 되었는데, 서초구에서 생활할 수가 없어 외삼촌이 사는 강동구의 학원에 다녔다.

한동안 잘 지내던 K군은 어느 날 집으로 돌아오는 길에 자신이 졸업한 고등학교의 교복을 입은 남자 고등학생을 보고 다시 불결하다는 생각이 들면서 자신이 더럽혀질 것 같은 불안 때문에 견딜 수가 없었다.

K군이 병원에 왔을 때는 불안해하는 기색이 역력했다. 처음에는 프로작 20mg을 1주일 동안 복용했는데, 2~3일간은 약간 속이 더부룩하다면서 안절부절못했으나 곧 좋아졌다. 2주째부터는 프로작을 40mg으로 늘렸으나 큰 변화는 없었다. 3주 후부터는 60mg으로 늘렸더니 불안감이 조금씩 감소되면서 4주가 지나자 더럽다는 생각이 많이 완화되었다. 4개월 후 K군은 서초구에 있는 자신의 집에서 학원에 다닐 수 있게 되었다.

약물치료를 받기 전에 알아 두어야 할 몇 가지

아직도 일부 정신과 의사들은 강박증에는 효과적인 약물이 별로 없다고 생각하는 경우가 많다. 이는 강박증에 사용하는 대부분의 약물이 1990년대 들어와서야 발견되었기 때문이다. 그러나 일차적인 약물치료만으로 70~80% 정도는 효과가 나타난다. 중요한 것은 약물로 증상이 얼마큼 호전되느냐의 문제인데, 불행하게도 현재까지는 약물치료만으로 증상이 완전히 없어지지는 않는다.

그러나 위에서 소개한 정도로만 증상이 호전되어도 환자 스스로 상당히 좋아졌다는 것을 느끼며, 정상적인 사회생활이나 학교생활을 할 수 있다. 약물로 증상이 호전되기는 하지만 남아 있는 증상을 완전히 없애거나 조절하기 위해서는 약물치료와 함께 인지행동치료를 시행하는 것이 가장 효과적이다.

약물치료에서 가장 중요한 점은 약물치료의 효과, 증상의 호전이 나타나는 기간, 약물치료의 한계 등을 미리 잘 알고 있어야 한다는 것이다. 특히 병적인 의심과 확인을 되풀이하는 강박증 환자라면 병에 대한 자세한 설명과 이해가 필요하다. 치료를 의심하고 끊임없이 확인을 요구하기 때문이다.

약물을 사용하더라도 증상이 호전되기까지는 많은 시간과 끈기, 인내가 요구된다. 증상이 호전되기까지는 약 6~10주 이상의 시간이 필요하다. 대개 3~4개월 이상 같은 약을 사용해도 호전되지 않으면 다른 약으로 바꾸어야 한다. 따라서 강박 증상의 치료에는 단계적인 조치가 필요하다. 하지만 심하면 처음부터 몇 가지 약물을 같이 사용해야 한다. 빠른 효과를 위해서 환자가 견딜 수 있다면 약물 용량도 가능한 범위 내에서 빨리 증량하는 것도 방법이다.

약물을 사용하면 곧 증상이 호전되리라 생각했던 환자들은 혹시 의사가 약물을 잘못 선택한 것은 아닌지, 자신이 치료에 잘 반응하지 못하는 것은 아닌지 좌절하는 경우가 많다. 1~2주간의 약물치료 후 호전되지 않는다고 치료자를 믿지 못하고 다른 병원을 전전한다면 결국 치료 기간만 연장할 뿐이다. 따라서 약물치료 초기의 치료 방법과 경과에 대한 이해 여부는 향후 치료 효과를 결정짓는 중요한 요소가 된다.

다시 한번 강조하자면 강박증 환자가 약물치료를 받을 경우 다음 사항은 반드시 기억해야 한다.

첫째, 적정한 용량으로 적어도 10~12주간은 치료해야 약물의 효과를 알 수 있으므로 조급하게 치료를 중단해서는 절대 안 된다.

둘째, 약물의 용량이 증가할수록 효과가 크기 때문에 환자가 견딜 수 있는 최대한의 용량을 복용하는 것이 좋다. 최대 용량으로 적어도 4~7주간은 사용해야 한다.

셋째, 약을 복용하면서 행동치료를 동반하는 것이 좋다. 약만 복용할 경우에는 많은 환자에게서 약물 중단 후 다시 강박 증상이 나타나기 때문이다.

약물치료를 시작하기 전에 의사에게 꼭 알려야 할 것들

앓고 있는 다른 질환 당뇨병, 고혈압, 심장병, 간 질환, 경련성 질환(간질), 빈혈이나 혈액 질환, 녹내장 등의 질환이 있을 경우 의사에게 반드시 알려야 한다.

현재 먹고 있는 약 심장병이나 고혈압 때문에 약을 복용하고 있거나 경구 피임제, 항생제, 항우울제 등 정신과적 약물, 기타 어떤 약물 등은 강박증 치료제와 동시에 투여되었을 때 효과가 나타나지 않거나 부작용이 생길 수 있다. 그러므로 어떤 종류든 복용 중인 약물이 있다면 반드시 의사에게 알려야 한다.

알레르기 체질 매우 드물기는 하지만 강박증 치료제에 알레르기 반응을 보이는 수도 있다. 그러므로 전에 어떤 약물에 알레르기 반응을 보인 적이 있다면 이를 꼭 의사에게 알려야 한다.

애용하는 기호 식품 커피나 술, 담배 등의 기호 식품을 어느 정도 애용하는지를 알면 치료제 처방에 많은 도움이 된다. 이외에도 특별히 먹는 것이 있으면 의사에게 알려 주는 것이 좋다.

직업이나 취미 생활 등을 말해 주는 것도 필수 위험한 기계를 다루거나 장시간 운전하는 환자라면 치료제를 복용하고 나서 졸음이 쏟아지거나 운동 신경이 둔해질 수도 있다. 대부분 일시적인 현상이기는 하지만 사고 위험이 있을 수 있으므로 특히 진정 작용이 큰 약물은 피하는 것이 좋다.

임신 중이거나 수유 중이라면 반드시 의사와 상의 임신 중이거나 임신을 계획하고 있거나 아이에게 모유를 먹이는 여성이라면 꼭 의사와 상의해야 한다. 아직까지 강박증 치료제가 태아나 모유를 먹는 신생아에게 영향을 끼친다는 보고는 없다. 그러나 어떤 약물이든 임신이나 수유 중에는 피하는 것이 좋다. 하지만 아버지가 약물을 복용하는 경우, 또는 어머니가 임신 전에 약을 복용한 경우는 문제가 되지 않는다.

나는 피곤하게 살고 싶지 않다

강박증의 약물치료 Ⅱ

강박증 치료제의 효능과 용법

강박증의 약물치료는 클로미프라민에서 시작되었다. 클로미프라 민은 우울증을 치료하던 약물이었다. 이미 1960년대 말과 1970년대 에 걸쳐 이 약물이 우울증을 호전시키는 외에 강박 증상도 줄여준다 는 것이 관찰되었다. 이후 체계적인 연구를 통해 클로미프라민이 강 박 증상에 효과가 있다는 것을 알게 되었다. 클로미프라민은 1990년 미국에서 최초의 공식적인 강박증 치료제로 인정받았다.

이 약물로 치료한 경우 약 80%의 환자들에게서 강박 증상이 절반 정도 감소하는 것으로 나타났다. 대부분의 강박증 환자들이 이차적으 로 우울증을 동반하는 경우가 많기 때문에, 우울증 치료제였던 클로 미프라민을 먹으면 우울 증상이 호전되어 마치 강박 증상이 좋아지는 것처럼 느끼게 되는 것으로 추정되었다. 그러나 같은 항우울제인 아미트립틸린이나 이미프라민이 강박 증상에 효과가 없다는 사실이 밝혀지면서 이 약이 강박증에 확실히 효과가 있다는 사실을 알게 되었다.

클로미프라민은 다른 항우울제에 비해 특히 뇌의 신경 전달 물질 가운데에 세로토닌 신경계에 많은 영향을 미치며, 뇌의 세로토닌 기능을 향상시키므로 일명 세로토닌 재흡수차단제(SRIs: Serotonin Reuptake Inhibitors)라고 부르기도 한다.

이후 1990년대 들어와 강박증 치료제로 사용하기 시작한 플루옥세틴, 서트랄린, 파록세틴, 플루복사민 등은 모두 세로토닌 재흡수 차단 효과가 있는 약물들이다. 클로미프라민이 세로토닌뿐만 아니라 다른 신경 전달 물질에도 영향을 주기 때문에 부작용이 많은 반면, 최근에 사용 중인 이 약물들은 세로토닌에만 특이하게 작용해 부작용이 적기 때문에 선택적 세로토닌 재흡수차단제(SSRIs: Selective Serotonin Reuptake Inhibitors)라고 불리고 있다.

선택적 세로토닌 재흡수차단제는 현재 전 세계적으로 가장 많이 사용하는 약물의 하나다.

비교적 최근에 개발된 항우울제인 세로토닌 노르에피네프린 재흡수차단제(SNRI; Serotonin Norepinephrine Reuptake Inhibitors)인 약물들도 강박증에 효과가 있다는 연구논문들이 발표되고 있다. 이들 약물에는 벤라팍신(venlafaxine), 둘록세틴(duloxetine) 그리고 밀나시프란(milnacipran) 등이 있는데, 선택적 세로토닌 재흡수차단제에 반응이 없는 경우 이러한 약물을 사용해 볼 필요가 있다. 특기할 사항 중 하나는 벤라팍신의 활성 대사물로 데스벤라팍신(desvenlafaxine)이 제조되어 현재 프리스틱®이라는 이름으로 화이자에서 판매 중이다. 활성 대사물이 관심을 끄는 것은 원래의 물질보다 부작용은 줄이고, 효과는 더 있다는 연구 결과 때문이다.

1960년대부터 강박증 치료에 많이 사용해 온 약물

클로미프라민(clomipramine)

클로미프라민은 항우울제의 대명사인 삼환계 항우울제의 일종으로 상품명은 그로민(Gromin)이다. 이미 1960년대부터 강박증 치료에 효과가 있다는 사실이 관찰된 약물이며, 1990년 미국에서 강박증 치료제로 공인받았다. 1980년대 후반 미국의 시바-가이거 제약 회사에서 520명의 강박증 환자를 대상으로 시행한 임상 시험에서 10주간의 치료 후 약 58%의 환자에게서 강박 증상이 호전되었다는 결과가 보고되었다.

약물치료를 하게 되면 아무래도 부작용이 있게 마련인데 클로미프라민을 복용하면 다른 삼환계 항우울제와 마찬가지로 입이 바싹바싹 마르고 변비가 오며, 근육의 떨림이 오고 졸음이 쏟아진다. 또한, 땀이 많이 나며, 소변이 잘 안 나오고, 시야가 몽롱해지며 성관계 때 극치감을 느끼기 힘드는 등의 부작용이 있다. 이 밖에도 몸무게가 늘고 일시적인 저혈압 증세를 보이기도 한다.

하지만 대부분은 시간이 경과하면 적응되어 불편함을 많이 느끼지는 않는다. 아주 드물게 생길 수 있는 부작용으로는 조증(에너지가 많아지고, 생각이 빨라지고, 수면이 감소하고, 활동량이 많아지고, 심하면 현실에 대한 판단력이 심하게 떨어지는 질환)이나 정신병적 상태가 될 수도 있다. 특히 하루에 250mg 이상 복용할 경우 드물게는 경련이 발생할 수도 있다. 특히 노인들에게는 심장에 부작용을 일으킬 수 있기 때문에 처방과 복용에 특별한 주의가 필요하다.

또한, 클로미프라민은 현재 사용하는 세로토닌 재흡수차단제 가운데 유일하게 혈액으로 직접 투약이 가능한 약품이라 알약 복용으로 부작용을 경험한 환자들이나 약을 복용해도 효과가 나타나지 않는 환자에게 정맥 주사로 처방해서 효과를 보는 경우가 있다. 일반적으로 클로미프라민은 하루 25mg짜리 1알에서 시작해 2~4주 동안 100mg으로 늘린다. 필요하다면 최고 용량인 250mg까지 사용할 수도 있다. 하루에 한 번 또는 두 번 정도 복용하는 게 보통이다.

미국에서는 프로작을 모르면 간첩(?)

플루옥세틴(fluoxetine)

프로작(Prozac)은 세로토닌 재흡수차단제의 가장 대표적인 약물인 플루옥세틴의 상품명이다. 《뉴스위크》나 《워싱턴포스트》 등 각종 언론 매체와 방송을 통해 널리 알려진 약물인데 미국에서는 프로작을 모르면 간첩이라는 농담이 나돌 정도였다고 한다. 이 약물이 나온 이후 성형정신약물학(Cosmetic Psychopharmacology)이라는 학문 분야가 생겨났을 정도다.

성형외과가 수술을 통해 신체를 아름답게 만드는 학문 분야라면, 성형정신약물학은 약물을 통해 사람의 마음을 아름답게 성형하는 것을 연구하는 학문 분야라 할 수 있다. 프로작은 한마디로 대인 관계가 힘들고 수줍음을 잘 타며 원만하지 못하고 모난 성격을 치료하는 약이라고 생각하면 된다. 이 약을 복용하면 대인 관계가 원만하게 되고 성격이 둥글둥글하게 된다는 희망이 담겨 있다. 마치 비타민을 매일 복용하면 얼굴에 활기가 생기는 것처럼, 이 약을 복용하면 마음의 활기를 되찾을 수 있기를 바라는 사람들의 마음을 읽을 수 있다.

프로작은 1970년대 초반에 개발되어 1987년부터 미국에서 우울증 치료제로 사용하기 시작했다. 1994년 미국식품안전청(FDA)으로부터 강박증 치료제로 공인되었다. 선택적 세로토닌 재흡수차단제 중에서 가장 오랫동안 혈액에 머물러 있기 때문에 환자가 중간에 약 복용을 걸러도 적정 약물 농도가 유지된다는 장점이 있다.

프로작은 10mg정과 20mg정이 국내에 시판되고 있는데 하루에 한 번 또는 두 번 복용하며, 용량은 대개 10~20mg에서 시작해서 2~4주마다 20mg 정도씩 천천히 늘려나간다. 최고 용량은 80mg 정도인데 강박증 치료에는 용량이 높을수록 효과가 더 높게 나타난다.

특히 프로작은 잠을 많이 자고 의욕이 떨어지는 우울 증상을 동반한 강박증 환자에게 가장 먼저 사용해 보아야 하며, 불면을 일으킬 수 있으므로 아침에 주로 복용하는 것이 좋다. 두통이나 안절부절못하는 불안감, 설사 등의 부작용을 일으킬 수 있으며, 성욕 감퇴, 발기 부전 등의 성 기능 장애를 일으키기도 한다.

비교적 최근에 수입된 치료제

플루복사민(fluvoxamine)

상품명이 루복스(Luvox)인 플루복사민(fluvoxamine)은 1994년 미국에서 강박증 치료제로 공인된 약이다. 미국에서는 선택적 세로토닌 재흡수차단제 중 비교적 일찍부터 강박증 치료제로 사용했지만, 우리나라에는 최근에야 수입된 약물이다. 플루복사민은 25~50mg에서 시작해 1주에 50mg 정도씩 늘려나가며, 최고 용량은 300mg이다. 부작용으로 불면, 두통, 피로감 등이 약간 있을 수 있다. 우리나라에서는 강박증 환자들에게 사용한 역사가 짧으므로 다른 선택적 세로토닌 재흡수차단제가 잘 듣지 않는 환자에게 사용해 볼 만하다.

특히 이 약은 다른 선택적 세로토닌 재흡수차단제에 비해 부작용이 월등히 적은 것으로 알려져 있어 유럽에서는 많이 사용되는 약물의 하나다.

진정 작용이 있는 강박증 치료제

서트랄린(sertraline)

서트랄린은 상품명이 졸로프트(Zoloft)다. 1990년대 초반부터 우울증 치료제로 널리 사용해 왔으며, 1996년에 미국에서 강박증 치료제로 공인되었다. 대개 하루에 25~50mg에서 시작하고, 1~3주 사용 후에도 증상의 호전이 없을 때에는 매주 50mg씩 양을 늘려 나간다.

프로작과 달리 진정 작용이 있기 때문에 주로 저녁에 복용하는 것이 좋으며, 음식물과 관계없이 단독으로 복용해도 된다. 대개 100~200mg을 사용하며 최고 용량인 250mg까지도 사용할 수 있다. 부작용으로 구토, 설사와 같은 소화기계 장애가 있을 수 있으며, 근육 경련, 발기 부전 등의 성 기능 장애가 나타날 수도 있다. 서트랄린은 강박증 치료제로서 클로미프라민만큼 효과가 있으면서도 부작용은 적다는 장점이 있다. 프로작에 비해서도 안절부절못하는 부작용이 덜하다.

불안에도 효과가 있는 치료제

파록세틴(paroxetine)

파록세틴의 상품명은 세로자트(Seroxat)다. 미국에서 1993년에 우울증 치료제로, 1996년에는 강박증 치료제로 공인되었다. 대개 20mg으로 시작하며 1~3주 정도 치료해도 호전이 없을 때는 1주일마다

10mg씩 증량해 60mg 정도까지 늘린다. 소화기계 부작용 등이 흔하게 나타나지만, 파록세틴은 다른 약물에 비해 환자가 안절부절못하는 부작용이 거의 없고 진정 작용이 강하기 때문에 불안감이 심한 환자들에게 좋다. 그러나 이 약은 작용 시간이 짧고, 약을 중단할 경우 초조, 불안, 두통 등의 '세로토닌 금단 증상'이 많이 나타나기 때문에 주의를 필요로 한다.

전세계에서 가장 많이 사용되는 약물

에스시탈로프람(escitalopram)

상품명은 렉사프로(lexapro)로, 항우울제로 사용되던 시탈로프람 (citalopram)의 부작용을 줄이고 효과를 개선한 약품이다. 2002년 미국에서 허가를 받아 사용 중인데, 강박증 외에도 우울증, 공황장애, 사회공포증, 범불안장애 등에도 사용된다. 현재 전세계적으로 가장 많이 사용되는 선택적 세로토닌 재흡수차단제 중의 하나이다.

새로운 강박증 치료제: 세로토닌 노르에피네프린 재흡수차단제

벤라팍신(venlafaxine)

세로토닌 노르에피네프린 재흡수차단제로, 미국에서 처음으로 개발된 약물이다. 몇 개의 개방연구(open-label)와 몇몇 무작위 이중맹

검연구(RCT)가 보고되고 있다. 하루에 150mg~375mg 사이의 용량을 사용할 수 있다. 환자 대부분에서 큰 부작용이 없지만, 가끔 혈압을 증가시킬 수 있어 고혈압 환자에게는 조심해야 하고, 오심, 구토 같은 소화기장애가 나타날 수 있으나 대개는 일시적인 증상이다.

둘록세틴(duloxetine)

둘록세틴은 미국 엘라이 릴리사가 개발한 '심발타'라는 약물이다. 아직 둘록세틴의 강박증에 대한 효과는 명확한 무작위 이중맹검연구로 증명이 되지 않았으며, 몇 개의 증례 보고들이 나오고 있다. 대개 120mg까지 사용해 볼 수 있다고 되어 있다. 둘록세틴은 혈압을 증가시키는 부작용은 별로 없지만 오심, 구토 같은 소화기 계통의 부작용은 조금 더 흔한 것으로 알려져 있다.

밀나시프란(milnacipran)

익셀(Ixel)이라고 불리는 밀나시프란은 프랑스에서 개발되어 우울증이나 섬유근육통(fibromyalgia)에 사용되고 있다. 아직 강박증에 효과가 있다는 강력한 증거는 없으며 몇 개의 증례 보고만 보고되고 있다. 다른 약물에 듣지 않아 이 약물을 사용할 경우 하루에 300mg까지 사용했다고 한다. 하지만 아직은 그 효과를 좀 더 두고 봐야 할 듯하다.

언제 복용하는 것이 좋은가	특별한 경우를 제외하고는 식사 후에 복용하는 것이 좋다. 이렇게 하면 약 복용을 잊어버리는 일이 드물고, 또 부작용인 구역질도 생기지 않는다. 빈속에 복용하면 다소 구역질이 느껴질 수도 있으므로 약간의 음식물과 함께 복용하면 더욱 좋다.
약물 복용을 잊어버린 경우	약물 복용 시간을 놓쳐 버렸다면 먹지 않은 약은 건너뛰고 처방받은 용량대로 다음번 약을 복용하는 것이 좋다. 욕심 때문에 먹지 않은 약까지 두 배로 복용하면 오히려 좋지 않다. 한꺼번에 많은 양을 먹으면 부작용이 심하게 나타날 수 있기 때문이다.
약물을 복용하면 어떤 느낌이 들까	평상시와 다름이 없다. 생각하고, 느끼고, 행동하면 된다. 학업이나 직장에서의 업무를 수행하는 데 아무런 차이를 발견하지 못하며 여행을 떠나거나 운전할 때도 마찬가지다. 만약 그렇지 않다면 의사에게 이야기해서 용량을 다시 조절해야 한다. 대부분의 경우 강박증 치료제를 복용하면 혼란감이 감소하고 삶의 즐거움을 느끼게 된다.
약물의 효과는 언제 나타나나	약을 복용하면 효과가 바로 나타나기를 기대하는 사람이 있다. 물론 많은 약물 중에는 효과를 즉각 보이는 것도 있기는 하지만 강박증 치료제는 그렇지 않다. 강박증 치료제의 효과는 최소한 3주 혹은 4주 이상 경과해야 나타나기 시작한다. 따라서 하루 이틀 복용하고 나서 효과가 없다고 판단해서는 안 된다. 2주나 3주가 지난 후부터 효과가 나타나기 시작해서 5개월까지 점점 효과가 증가된다. 보통 12주 정도는 지나야 어느 정도 효과를 얻는지 알 수 있다.

강박증의 인지행동치료

불안을 줄여나갈 수 있도록 단계적으로 짜인 그물

지난 20년 동안 강박증 치료는 크게 발전했다. 그러나 오늘에 이르기까지 여러 시행착오를 거쳤음은 두말할 필요가 없다. 현재 강박증을 치료하는 대표적인 방법은 약물치료와 인지행동치료다. 이 치료법들은 어느 한 가지만으로는 효과가 작으므로 동시에 진행하는 것이 보통이다. 인지행동치료는 강박 생각으로 인한 불편함을 줄여주고 강박행동을 감소시켜 주는 효과적인 치료 방법이다.

때로는 '인지-행동 정신치료'라고도 하는데, 강박 생각 때문에 생기는 불편함을 어떻게 가라앉히는지, 그리고 어떻게 강박행동을 줄일수 있는지를 배우는 것이다. 즉 인지행동치료는 환자에게 주어지는 어떤 처방이 아니라 환자가 배우도록 짜인 구조화한 기술 체계이며,

행동에 초점을 두고 불안을 점차 줄여나갈 수 있도록 단계적으로 짜인 그물이라고 할 수 있다.

따라서 인지행동치료를 하면 환자 본인들이 강박장애 증상에 대처하고 저항할 수 있는 인지적·행동적 전략을 배우고, 이런 전략들을 충분한 연습과 과제 수행 등을 통해 자기 것으로 만들어서 스스로 증상을 감소시키고 조절할 수 있도록 도움을 주는 것이다.

인지행동치료는 기본적으로 강박사고로부터 오는 불편감이나 불안을 줄이고 강박 행동을 감소시키는 방법을 훈련하는 것이다. 따라서 인지행동치료는 약물치료처럼 수동적으로 약물만 복용하는 식이 아니라, 본인이 적극적, 주체적으로 치료에 임해야 한다. 인지행동치료의 효과는 대부분 환자 개인의 의지와 노력 여하에 달린 경우가 많다. 치료자는 단지 훈련 방법을 알려주고 방향을 제시하는 가이드 역할을 할 뿐이다. 습관처럼 익숙해진 강박 증상을 부단히 연습해서 다시 정상적인 행동으로 바꾸는 연습이기에 환자들이 증상에 맞서 적극적으로 싸워 이기도록 노력해야 한다.

인지행동치료는 인지치료와 행동치료로 나누어진다. 인지치료는 개인이 세상을 인지하고 느끼는 관점의 잘못을 알게 하는 것이다. 객관적인 근거도 없이 막연하고 잘못된 생각 때문에 불안한 것을 고쳐주는 것, 그릇된 믿음을 파악하고 그 속에 무의식적으로 포함된 인지적 오류를 수정하는 것이다. 한 예를 들면, 외출할 때 가스 밸브를 잠그지 않은 것 같아서 반복 확인하는 경우에는 뇌 속에서 가스 밸브가 안 잠겨서 가스누출이 되면 어떡하나, 라는 생각이 지속해서 침투한다. 이럴 경우 그다음에 따라오는 그릇된 믿음은, 내 실수로 가스 밸브를 잠그지 않아 폭발한다면 나는 영원히 주위 사람에게 질타를 받을 것이라는 생각이다. 이런 생각의 인지적 오류는 과도한 책임감, 위험에 대한 과대평가, 불안의 결과에 대한 왜곡된 판단 등이다. 대부분의 강박증 환자들의 가스 밸브가 잠겨 있고 자신의 반복적 불안이 비합리적인 것을 알고 있음에도 불구하고 자꾸 그런 생각이 들기 때문에, 인지적 오류가 있음을 알게 되면 자신이 과도한 불안감을 가지고 있음을 깨닫게 되는 것이다.

강박사고는 정상인에게도 흔히 나타난다

공포나 불안을 일으키는 생각은 정상인에게서도 흔히 나타나는 현상이다. 약 90% 이상의 일반인들이 그 내용이나 형태에 있어서 강박사고와 구별이 잘 되지 않는 공포나 불안을 느끼게 된다. 정상인에게도 강박사고가 흔히 나타난다는 사실은 강박증 환자의 강박 생각이 정상적인 현상일 수 있다는 사실을 말해 준다.

문제는 강박증 환자들이 아주 짧은 시간에 나타나는 공포나 불안을 일으키는 생각이나 충동이 없어졌는데도 불구하고 계속 불안이나 공포를 느낀다는 점이다. 이는 불쾌한 자극을 회피함으로써 자연적으로 없어지는 불안을 오히려 막기 때문이다. 아무리 심한 공포나 불안을 일으키는 자극이라도 어느 정도 시간이 지나면 자연적으로 없어진다.

그러나 강박증 환자들은 불쾌한 자극을 빨리 피하므로 당장의 불안은 급속히 없어지지만, 자극을 다시 경험할 때 회피하는 반응을 보이지 않고는 불안이 쉽게 없어지지 않는다.

강박사고가 나타날 때 그것을 피하는 행동을 하도록 내버려두면 불안은 즉시 감소하지만, 만약 회피 행동을 그 즉시 하지 못하면 불안이 길게는 1시간까지 지속되다 자연적으로 없어진다는 실험 결과가 있는데, 이를 '자연적인 감소'라고 한다. 그러나 회피 행동을 못하게 하면 그다음에 자극이 왔을 때 불안은 상대적으로 작아지는 데 반해 강박행동을 계속하도록 내버려두면 불안의 정도는 감소되지 않았다. 따라서 강박 증상이 지속되는 데에는 강박행동이 결정적인 역할을 하며 이러한 관찰 결과에 따라 행동치료 이론이 성립된 것이다.

45세의 주부인 K씨는 외출했다 돌아오면 바깥의 나쁜 균이 묻은 것 같은 불안 때문에 항상 샤워를 하고 옷을 깨끗이 빨지 않으면 견딜 수 없었다. 외투는 물론이고 윗도리, 바지, 심지어는 속옷까지도 몽땅 빨아야 안심이 되었다. 이것 때문에 불가피한 경우가 아니면 외출을 하지 않고 집에만 있게 되어 자연히 친구들과도 사이가 멀어지고 외톨이가 되었다. 또한, 집에 손님이 다녀가면 그 사람이 세균으로 오염시켜 놓은 집 안을 완전히 청소하지 않고는 견딜 수 없었다. 마룻바닥은 물론이고 심지어는 카펫을 세탁하는 일도 있었다.

외출하고 난 뒤 몸에 균이 묻은 것 같다는 생각이 드는 것은 정상인에게도 흔히 있는 일이다. 하지만 이런 경우 정상인들은 별다른 행동을 하지 않는다. 그리고 시간이 지나면 오염에 대한 불안은 자연적으로 없어진다. 그러나 강박증 환자들은 그 불안을 해소하기 위해 옷을 세탁한다. 그래야만 불안이 감소되기 때문이다. 그러나 문제는 그다음이다. 견디면 자연적으로 없어질 불안을, 옷을 세탁하는 회피 행동을 통해 줄임으로써 다음에 다시 이런 자극이 왔을 때에도 역시 같은 회피 행동을 하게 되는 것이다.

예로 든 K씨의 경우 행동치료로서 옷을 빨아야 할 것 같은 생각이 들 때도 옷을 빨지 않도록 한다. 그러면 당장은 견디기 힘들더라도 시간이 지나면 불안이 정상적으로 줄어드는 것을 경험하게 된다. 이를 반복적으로 훈련함으로써 회피 행동과 강하게 결합되어 있는 불안을 감소시키는 것이다. 물론 그 불안이 너무 심해 견디기 어려울 정도라면 주위의 치료자가 도와주어야 한다.

강박행동은 없고 강박사고만 있는 경우에는 회피 행동이 숨어 있다고 볼 수 있다. 행동으로 드러나지는 않지만, 마음속으로는 불안을 일으키는 생각에 대항하기 위해 다른 생각을 하게 되는 것이다.

고2인 L군은 항상 부모가 교통사고를 당한 것 같은 장면이 머릿속을 떠나지 않았다. 이 생각이 들면 불안이 극도로 심해져서 집으로 전화를 걸어 확인해야 했다. 자신이 잘못 생각하고 있다는 것을 알고 있음에도 불구하고 자꾸만 불길한 생각이 드는 것이다. L군은 이제 부모에게 불길한 일이 일어났을 것 같다는 생각이 들면 나름대로 그 생각을 없애기 위한 방법을 알아냈다. 지난여름 친구들과 해수욕장에서 즐겁게 놀던 장면을 떠올리며 불안한 생각을 없애는 것이다.

L군은 부모가 교통사고를 당한 것 같은 강박사고가 나타나면 곧 그 생각을 없애기 위해 즐거웠던 다른 장면을 떠올렸다. L군은 불안을 감소시키는 행동 대신 생각으로 불안을 감소시키는 회피 반응을 하는 것이다.

이 경우 인지행동치료에서는 가족이 사고를 당한 것 같은 생각이 들 때 그 생각에 대항하는 다른 생각을 하기보다는 오히려 불길한 생각에 대항해 '사고를 중지'하는 훈련을 하게 한다.

불길한 생각이 들 때 '중지' 혹은 '스톱'을 크게 외침으로써 자신의 생각을 스스로 조절할 수 있는 힘을 키워 주는 것이다. 이를 '사고 중지법'이라고 하는데 특히 강박사고가 주를 이루는 환자에게 유용한 방법이다.

모든 환자에게 행동치료가 효과적인 것은 아니다

행동치료의 가장 큰 문제는 환자들이 치료를 거부하거나 치료를 중단하는 경우가 많다는 것이다. 치료 초기에는 강박사고를 의도적으로 떠올리기 때문에 불안이 더 심해지므로 많게는 반 이상의 환자들이 치료를 계속하지 못하고 중단한다.

일부 환자에게서는 행동치료를 함으로써 오히려 불안이 증가하는 경우가 있다. 이런 경우에서 보듯이 단순히 행동치료만 필요한 것이 아니라 환자가 스스로의 의식을 변화시키면서 행동치료를 해야 한다는 새로운 이론이 제기되었다. 최근 주목을 받는 행동이론에 인지이론을 결합시킨 인지행동가설이 바로 그것이다.

강박 증상의 인지행동 모델은 강박사고가 정상적인 사고와 전혀 다르지 않으며, 일반인들에게서 흔히 나타나는 생각이라는 가정에서 출발한다. 정상인일 경우에는 강박적인 생각이 들더라도 그 내용이 현실적이지 않으면 그냥 지나치는 경우가 많지만, 환자인 경우에는 강박적인 생각을 어떻게든 자기 자신이 해결하려 한다는 것이다.

미래에 자신에게 좋지 않은 일이 일어날 경우 자신에게 책임이 있다고 느낀다는 점이 강박증 환자의 특징이다. 다시 말하면 누구에게나 좋지 않은 일이 일어날 수 있으며 불길한 생각이 들 수 있는데, 단지 강박증 환자들은 이를 자신의 책임으로 잘못 해석하는 경향이 있고, 자신이 해결해야 한다는 책임감을 심하게 갖는다는 것이다.

생각이 변하면 행동도 변한다

인지(認知)라는 것은 사물이나 현상을 개인이 어떻게 느끼고 받아들이느냐, 즉 인식하느냐는 것이다. 강박증 환자들이 흔히 갖고 있는 잘못된 인식을 바꾸도록 해야 한다. 예를 들면 모든 잘못된 상황이 자신의 책임이며, 미래를 너무나 부정적이고 불안하게 생각하고, 모든 것이 자신이 원하는 대로 완벽해야 하며, 지나치게 생각만 많이 하고 행동하기에는 겁을 내는 등의 행동을 바꾸도록 하는 것이 인지치료다. 결국 인지치료의 핵심은 '생각은 행동에 영향을 준다', '생각은 변화시킬 수 있다', '생각이 변하면 행동도 변한다'는 것이다. 아주 간단한 논리다.

강박증 환자들은 자신의 잘못된 인식 습관을 깨뜨려야 한다. 어떤 일에 부정적인 결과가 일어날 것이라고 예상하는 자신의 습관적이고 비합리적인 사고를 깨달아야 하며, 위험을 지나치게 평가하고 있는 것은 아닌지, 지나친 죄책감을 가지고 있는 것은 아닌지 등을 스스로에게 질문하면 불안이 많이 감소된다. 또한, 스쳐 지나가는 불안한 생각을 그냥 내버려두면 결국 강박 증상도 자연히 소멸된다.

노출법과 반응 방지법-학습을 통해 강박행동을 고친다

행동치료 혹은 행동수정이라고도 하는 이 치료법은 정신질환 치료에 학습이론을 적용한 것이라 할 수 있다. 인간의 많은 행동은 학습을 통해 습득된 것이므로 정신질환도 잘못된 학습의 결과라 할 수 있다. 따라서 잘못된 행동 역시 적절한 학습을 통해 수정할 수 있는 것이다.

강박증 치료 초기에 행동치료를 하면 강박적 생각으로 인한 불안감이나 공포감을 감소시킬 수 있는데, 주로 노출법과 반응 방지법을 통해 이루어진다.

예를 들면 더러운 것에 오염되었다는 강박사고와 이것 때문에 반복적으로 씻는 강박행동을 하는 환자인 경우 행동치료에서는 오히려 화장실의 변기나 휴지통 같은 것을 만지게 해서 불안감을 일으킨 후 정해진 시간 동안은 손을 씻는 강박행동을 하지 못하게 막는 것이다. 강박증에 관한 여러 연구에서도 밝혀졌지만, 강박 증상을 극복하기 위해서는 불안에 직면해 강박행동을 하지 않고 그 상황에 노출될 필요가 있다.

강박증 치료에 노출—반응 방지법을 적용하려면 무엇보다도 치료에 대한 환자의 이해와 참여가 중요하다. 노출—반응 방지법은 환자에게 일시적으로 상당한 불편함을 초래할 수 있으므로 특히 치료 초에는 환자가 견디기 힘들다. 불안을 일으키는 상황을 의도적으로 만들어 그것을 견디는 훈련이기 때문이다. 이때 환자가 치료자를 신뢰하고 있으면 불안을 견디기가 수월하다. 환자에 따라서는 가족이나 친구의 도움이 필요할 수도 있는데, 이런 경우에는 이들을 치료에 참여시키도록 해야 한다.

노출 기간은 치료를 성공적으로 이루어 내기 위해 꼭 필요한 요소다. 대체로 짧은 기간보다 오랜 기간 불안에 지속적으로 노출되는 게 효과적인데, 대개 노출을 통해 환자의 강박적인 불편함이 감소될 때까지 하는 것이 좋다. 치료 횟수당 노출 시간은 일반적으로 10분에서 90분 정도인데 실제 임상에서 효과를 경험한 치료자들은 45분에서 90분 정도를 권하고 있다.

반응 방지란 환자가 불안한 상황에 노출되어 강박적인 행동을 하려고 하거나 회피 행동을 하려고 할 때 이를 차단하는 것을 말한다. 반응 방지는 앞서 불안한 상황에 의도적으로 노출시킨 것과 달리 보다 적극적인 환자의 참여가 요구된다. 왜냐하면 환자 스스로 강박행동을 하지 않겠다는 선택을 해야 가능하기 때문이다. 특히 치료자와 환자가 함께하는 시간보다 함께하지 않는 시간이 훨씬 많기 때문에 환자 스스로 강박행동의 출현을 차단해야만 한다. 반응 차단에 있어서 환자 개인의 선택 및 자발적인 참여가 강조되는 것은 바로 이 때문이다.

병원에서 하는 인지행동치료

인지행동치료에 대한 교육 및 동기 부여	인지행동치료 전반에 대한 이해를 높이기 위한 교육이 진행되어야 하며, 특히 노출과 반응 방지법의 원리와 과정을 환자가 이해하는 데 중점을 둔다.
목표 행동의 순위 정하기	불편함으로 인해 회피하게 되는 특정 상황이나 대상을 환자가 느끼는 주관적인 감정에 따라 경미한 것에서부터 매우 심한 것까지 순위를 매긴다.
치료의 횟수 정하기	치료에 요구되는 횟수는 환자마다 다양하다. 강박적인 씻기를 보이는 환자의 경우 집에서의 과제 연습과 함께 대개 3~5회 정도면 성과를 보이기 시작하나, 강박적인 확인 행동을 보일 경우 치료 성과를 얻는 데 어려움이 많으며 시간도 오래 걸린다. 때로 몇 년간의 치료 결과에도 불구하고 증상이 낫지 않는 경우도 종종 있다.
치료 시간 정하기	치료 시간은 1시간에서 1시간 30분 정도 걸리므로 환자가 집에서 하루에 1시간 동안 노출과 반응 차단 연습을 하도록 과제를 준다. 일부에서는 강박증 환자의 행동치료에 소요되는 최소한의 시간으로 10~20분을 잡고 있으며, 최대 120분까지 가능하다고 보고하고 있는데, 이상적인 치료 시간은 90분 정도가 적당하다.
가족의 참여 정하기	때로는 환자의 강박 증상이나 그로 인한 불편함을 감소시키기 위해 환자의 가족이 환자를 돕는 경우가 있다. 하지만 가족의 간섭은 오히려 강박 증상을 지속시키게 하는 요인이 되기도 한다. 따라서 환자가 가족들에게 자신의 증상을 확인해 주기를 바라거나 안심시켜 주기를 바란다면 이를 단호히 거부해야 한다. 가족들의 이런 행동은 환자의 강박 증상을 더 강화시킬 따름이기 때문이다. 가족들은 환자가 자신의 행동을 확인하지 않고도 불안을 견딜 수 있도록 격려해 주어 강박 증상을 극복할 수 있도록 도와주어야 한다. 가족의 참여는 환자의 증상 치유가 주목적이나, 한편으로는 강박증 환자와 함께 생활하는 가족들이 겪게 되는 심리적 어려움과 부담을 완화시켜 주는 역할을 하기도 한다.
치료 효과에 대해 지나친 기대 안 하기	강박증에서 인지행동치료의 목표는 강박 증상의 완벽한 치료가 아니다. 강박증을 완벽하게 없애겠다는 생각 자체도 또 하나의 강박증이라고 할 수 있다. 물론 사람에 따라서 완전히 좋아지는 경우도 있지만, 그보다는 강박 증상 및 불안을 환자가 효과적으로, 그리고 주체적으로 다룰 수 있게 하는 것이 치료의 목표다.

증상에 따른 다른 인지행동치료법

강박 행동은 없고 강박사고만 있는 경우	두려운 상황에 대해 녹음한 테이프를 반복적으로 들어 노출 경험을 하도록 한다. 예를 들어 정육점에서 고기를 보고 자신의 아이가 토막 난 것이라는 생각으로 불안해하는 사람의 경우 '정육점', '고기', '칼' 등을 자신의 목소리로 녹음하여 반복적으로 자꾸 들음으로써, 오히려 불안을 일으키는 생각이나 단어에 노출이 되어도 별일이 일어나지 않는다는 것을 경험하는 것이다. 이렇게 함으로써 처음에는 불안하지만, 점차 불안감을 감소시킨다.
지나치게 씻는 사람의 경우	씻기 강박행동을 보이는 환자들은 어떠한 어려움이 있더라도 두려운 상황을 피하기 위해 강박행동을 한다. 이들이 피하는 대상, 예를 들어 좀약, 더러운 옷, 쓰레기와 같은 물체 등을 만지도록 한 후 손을 씻거나 닦지 않고 불안을 견뎌내도록 격려한다. 이런 경험을 통해 막연히 상상하던 부정적인 결과에 대한 잘못된 믿음이 수정될 수 있다. 치료 방법은 비교적 간단하지만, 환자에게는 이 과정이 매우 고통스럽고 힘든 시간이기도 하다.
반복적으로 확인하는 경우	반응하려고 하면 그 반응을 차단하는 방법을 사용해야 한다. 예컨대 고무줄을 손목에 감아 두고 환자가 어떤 확인을 하려고 하면, 그 직전에 고무줄을 튕기는 등의 방법으로 자신을 혐오하게 만드는 것이다.
지나치게 생각이 많은 사람의 경우	사소한 단어 하나로도 끊임없이 연상이 일어나는 환자의 경우 하루 종일 철학, 종교 등의 주제와 관련된 관념에 얽매여 몸과 마음이 지치게 된다. 이런 경우 역설적으로 환자가 끊임없이 해내는 사고 내용을 본인 스스로 기록하게 해 신체적인 에너지를 소진하게 하는 방법이 있다. 또한, 호흡 조절과 긴장 이완 훈련을 반복해 불안을 해소시키는 것도 도움이 된다.
강박적 지연을 보이는 경우	일을 하거나 옷을 입거나 다른 방으로 이동할 때, 화장실을 사용할 때, 샤워 혹은 머리를 감을 때, 음식을 먹거나 약을 복용할 때 등 몇 분이면 충분한 일상사에 몇 시간씩을 소비하는 사람들이 있다. 학생인 경우라면 지각이나 결석을 하고, 직장인인 경우 업무를 제대로 수행하지 못한다. 이들에게는 대개 정해진 시간 내에 일을 마치도록 격려하고, 주위에서 정확하게 시간을 측정해 제한 시간을 엄격하게 지키도록 훈련을 시킨다.

인지행동치료의 효과는 어느 정도인가

대략 60~90%의 환자들이 인지행동치료의 효과를 보는 것으로 알려져 있다. 이들은 인지행동치료로 증상의 50~80%를 줄일 수 있다. 그러나 이는 환자가 열심히 참여했을 경우다. 대개 25% 정도는 인지행동치료를 거부하는 것으로 나타난다.

인지행동치료의 효과는 치료 첫 시간에 나타나기도 하지만 대부분 5~6회 정도 진행되면서 효과가 나타나기 시작한다. 간혹 더 늦게 나타나기도 한다. 일단 효과가 나타나면 이는 향후 몇 달간 증진된다.

때로는 증상이 호전되어도 실제로 좋아졌다는 느낌이 들기까지는 시간이 더 걸릴 수도 있다. 따라서 인지행동치료 후 4개월 정도가 지나야 효과를 알 수 있는 경우도 있다. 하지만 이 치료법은 환자가 언제든지 필요하면 스스로 적용할 수 있는 방법을 학습해 스스로 치료하는 것이므로 그 효과는 수년 이상 지속된다고 할 수 있다. 실제로 환자들의 치료 결과를 추적한 연구를 보면 대부분의 환자에게서 치료 당시부터 수년이 지나도 행동치료의 효과가 그대로 유지되고 있음을 알 수 있다.

인지행동치료를 하고 싶다면

인지행동치료는 개별적으로 혹은 집단으로 이루어지거나 가족과 함께 이루어지기도 한다. 현재 서울대학교병원 신경정신과 강박증 클리닉에서는 집단으로 인지행동치료를 실시하고 있으며, 필요한 경우 개별 치료를 병행하기도 한다. 일부 개인병원에서도 개별인지행동치료를 시행하고 있다. 앞으로 강박증 자조 모임이 결성된다면 그 모임에서도 강박증의 인지행동치료를 통해 많은 사람에게 도움을 줄 수 있을 것이다.

하지만 이 치료법은 치료자가 일방적으로 처방하고 이끌어 가는 것이 아니고 환자 스스로가 자신의 강박사고와 강박행동에 대항해 싸울 수 있도록 도와주는 프로그램이라고 생각하는 것이 좋다. 큰 효과를 얻으려면 환자가 직접 치료 과정의 주인으로서 능동적으로 참여하는 것이 필수적이다.

이 프로그램을 시행할 때 환자가 꼭 지켜야 할 점이 몇 가지 있다.

첫째, 인지행동치료 과정에 참여한 이상 반드시 시간을 지켜 참여해야 하며 또한 치료 과정에서 이루어지는 약속은 반드시 지켜야 한다.

둘째, 자신의 경험이나 사고, 감정 등을 숨기지 말고 솔직하게 이야기해야 도움을 받을 수 있으므로 마음을 열고 정직하게 이야기하도록 한다.

셋째, 인지행동치료에서 과제는 필수적이다. 강박사고와 강박행동을 야기하는 상황이나 대상은 환자마다 다양하므로 치료실에서 이런 모든 상황과 대상을 접할 수 없기 때문이다. 과제를 통해 환자의 개별 상황과 대상에 도전할 수 있다. 또한, 과제를 수행하면서 치료 시간에 습득한 전략들을 자신의 것으로 만들고 자유롭게 사용할 수 있게 되는 것이다. 그러므로 치료의 일부로 제시되는 과제는 반드시 수행해야 한다.

강박증의 인지행동치료는 반드시 병원에서 시행되어야만 하는 것은 아니다. 책을 통해 스스로 노력해보는 것도 방법이며, 증세가 극심하지 않고 의지가 강한 경우에는 스스로 훈련하는 것도 가능하다. 몇몇 책들이 나와 있는데 그중에서도 《쉽게 따라 하는 강박증 인지행동치료》(권준수, 신민섭 공저, 학지사 2015)는 스스로 할 수 있도록 구성되어 있으니 참조할 만하다.

강박증의 신경조절술 치료

TMS, DBS, tDCS, Gamma knife

대부분의 강박 증상은 약물치료, 인지행동치료, 그리고 여러 치료법을 통해 호전된다. 하지만 아무리 약물치료와 인지행동치료를 열심히 해도 좋아지지 않는 환자들이 있다. 이럴 때는 비약물적인 방법인 몇 가지 방법을 통해 뇌에 직접 자극을 가하는 방법을 사용한다.

경두개 자기 자극술(Transcranial Magnetic stimulation, TMS)

TMS는 자장을 뇌의 특정 부위에 자극함으로써 그 부위의 신경회로를 활성화하거나 억제하는 효과를 기대한다. 이럴 때 문제가 되는 것은 뇌의 어느 부위를 자극해야 하는지, 주파수를 어떻게 할 것인지, 어느 정도의 횟수로 할 것인지 등이다. 자장 주파수로는 20Hz 정도의 고주파를 반복적으로 주기도 하고 1Hz 정도의 저주파를 사용하기도 하는데, 일반적으로 고주파는 신경 네트워크를 활성화하고 저주파는 억제한다고 알려져 있다. 현재 강박증에 대한 TMS의 효과는 배외측전전두엽(DLPFC), 안와전두엽(OFC), 보조운동영역(SMA) 등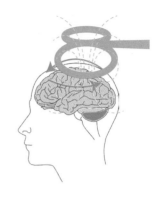의 부위를 자극하여 약물에 반응하지 않는 강박증 환자들에게 도움이 되었다는 보고들이 있다. 하지만 아직은 좀 더 많은 연구가 필요할 듯하다.

심부뇌자극술 (Deep Brain Stimulation, DBS)

뇌의 특정 부위에 작은 칩을 넣어 그 신경회로 부위를 자극하는 방법이다. 현재까지 신경조절술로 알려진 방법 중 가장 효과적이며 관련 연구도 많다. 국내에서도 서울대학교병원에서 신경외과와 협력하여 약물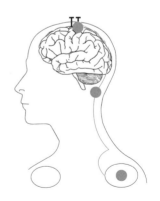에 반응이 없는 강박증 환자들에게 적용해 큰 효과를 보고 있다. 전극을 어느 부위에 넣느냐가 중요한데, 최근 미국 정신과학회지는 약물에 반응이 없는 약물저항성 강박증 환자 70명을 1년 후 검

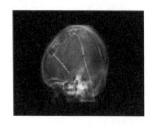

사해보았더니, 약 40% 정도 호전이 있었다고 보고하고 있다(Am J Psychiatry 2020 Mar 1; 177:265-271). 이 연구는 내포(internal capsule)의 앞쪽 부위 (anterior limb)에 전극을 넣은 경우다. 최근에는 전극을 넣는 위치가 배측 선조체(ventral striatum), 시상하핵(subthalamic nuclei), 내측담창구(globus pallidus interna) 등으로 확대되어 가장 효과적인 부위를 연구하고 있다.

경두개 직류 자극술(transcranial Direct Current Stimulation, tDCS)

최근 가장 활발한 연구가 진행 중이며 임상적으로 각광받는 것이 tDCS이다. 이는 저주파의 전기를 뇌의 표피에 주어서 여러 증상을 치료하는 방법이다. 신경세포의 정보 전달은 결국 전기적 현상이므로 전기 자극은 뇌기능을 바꿀 가능성이 충분하다. tDCS는 비교적 간단한 방법이므로 정신질환에 많이 연구하고 있으며, 특히 우울증이나 조현병에 활발히 적용하고 있다. 강박증에서도 몇몇 연구가 있지만, 아직 결정적으로 효과가 있다고 주장하기에는 무리가 있다. tDCS의 효과를 보기 위해서는 대개 1~2mA의 아주 약한 전류를 뇌의 특정 부위에 적용하는데, 사실 뇌의 어느

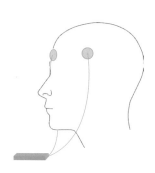

부위를 자극하느냐가 중요하다. 현재 강박증에서 알려진 소위 피질-선조체-담창구-시상(cortico-striato-pallido-thalamic) 네트워크와 관련되는 부위가 중요한 것으로 보이지만, 아직 명확하게 정확한 위치는 알려지지 않았다. 또한, 최근에는 직류 대신 교류전류를 사용하는 tACS 방법이 사용되기도 하는 등, 앞으로 연구를 통해 강박 증상에 도움이 될 가능성이 높다.

감마나이프(Gamma Knife)

원래 감마나이프는 두개골을 절개하지 않고 감마선을 사용해 뇌 질환을 치료하는 방법이다. 뇌수술 장비로는 세계적으로 가장 많이 사용하는 방사선 수술 장비이다. 대개 뇌종양, 뇌혈관 질환, 파킨슨병, 이상운동장애, 뇌전증, 삼차신경통 등에 사용하는 방법인데, 최근 강박증을 비롯하여 치료저항성 우울증 등의 정신질환에 사용하기 시작했다. 두개골을 절개하지 않는 장점이 있지만, 아직 그 효과에 대해서는 객관적으로 증명되지 않았다. 다만 최근 여러 연구에서 상당히 유용한 방법으로 보고되어 향후 큰 기대를 할 만하다. 서울대학교병원 강박증 클리닉에서도 신경외과와의 협력을 통해 약물저항성 강박증 환자에게 치료해서 개선된 사례들이 있다.

2장

강박증, 아는 게 약이다

강박증에 관한 오해와 편견

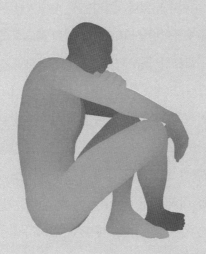

참을 수 없는 존재의 무거움

가족들이 병을 잘 이해하는 것이 치료의 선결 조건

최근 연구에 의하면 강박증은 신경행동학적인 측면에서 이해해야 하는 질환으로 밝혀지고 있다. 여기에서 신경이란 뇌의 생물학적인 이상을 의미하며 행동이란 사고, 감정, 행위 등으로 증상이 나타난다는 의미다. 그러므로 강박증이란 뇌의 생물학적인 이상이 감정이나 행위 등으로 나타난 것이라 할 수 있다. 목에 이물질이 걸렸거나 급하게 무언가를 먹었을 때 '딸꾹' 소리로 몸의 상태를 신호하는 것처럼 말이다.

이는 실제 위험이 없는 상황에서 아주 커다란 공포 메시지를 보내는 성가신 컴퓨터와 같은 것이라 할 수 있다. 하지만 내 안에서 생기는 달갑지 않은 이물질의 존재를 떨쳐 버리지 못하고 온몸으로

나는 피곤하게 살고 싶지 않다

표현해 대는 것은 결국 나라는 존재의 그 귀함과 무거움 때문이 아닐는지….

이처럼 내 몸의 이상에 대해 강한 신호를 보내는 것은 그만큼 나에게 관심을 가져 달라는, 그리고 내 존재를 알아 달라는 내 안의 소리 없는 외침이라 할 것이다. 다만 문제는 보통 사람이라면 참을 수 있는 것들을 강박증 환자들은 참을 수 없다는 것이다.

예를 들어 공중화장실에 가면 강박증 환자의 뇌는 몇 번이고 손을 깨끗이 씻으라고 메시지를 보내고, 환자는 이 메시지에 반응해 반복적으로 손을 자꾸 씻는다. 스스로 불합리하다는 것을 알면서도 명령에 따를 수밖에 없는 것, 이 참을 수 없는 무거움(?)을 덜어 주어야 하는 것이 의사의 책임이기도 하다.

강박행동은 딸꾹질처럼 참으려 해도 참기 어려운 것이다. 다만 의사들이 참을 수 있는 방법을 가르쳐 줄 수는 있다. 강박증의 약물치료는 흔히 부낭에 비유된다. 수영을 처음 배울 때 부낭을 달고 시작하면 물 위에서 적절한 부력을 받게 되어 수영하는 방법을 쉽게 배울 수 있는 것과 마찬가지다.

약물치료는 초기의 증상을 완화시키는 데 도움을 주며, 인지행동치료의 시작에도 도움을 준다. 인지행동치료란 반복적으로 나타나는 강박 증상을 피함으로써 불안을 감소시키는 것이 아니고 오히려 불안을 일으키는 강박사고에 직면하게 함으로써 불안을 극복하는 방법을 배우는 것이다.

'호랑이를 잡으려면 호랑이 굴로 들어가야 한다'는 말처럼 불안을 일으키는 강박사고를 잡기 위해서는 그런 증상을 피하지 말고 직면하여 헤쳐나가야 한다. 더 중요한 사실은 강박증과 강박증을 앓고 있는 사람을 혼동하지 말아야 한다는 것이다. 강박증은 치료해야 할 병의 일종이지 그 사람 자체의 문제는 아니기 때문이다.

환자를 책망하지 말라

강박증은 한마디로 뇌의 질환이라고 할 수 있다. 따라서 치료 역시 뇌의 잘못된 신경 전달 물질을 교정시키는 약물치료가 우선이다. 물론 환경적인 요인을 완전히 무시할 수는 없다. 강박증의 치료나 예후에 가족들이 미치는 영향이 매우 큰 것은 물론 병으로 인한 다른 가족들의 고통 또한 무시할 수 없기 때문이다.

가족 구성원 가운데에 강박증 환자가 있는 경우, 그 가족 전체의 균형이 깨지고 정상적인 활동을 하지 못하는 경우가 많다. 가족들이 환자의 생활에 맞추어야 할 뿐만 아니라 환자의 고통이나 분노 등도 가족들이 함께 겪어야 하기 때문이다. 한 조사에 따르면 환자의 가족 가운데 약 3분의 1이 일주일에 서너 차례 이상 환자로 인하여 고통받고 있으며, 강박행동과 관련되어 환자가 책임져야 할 일을 떠맡고 있다고 한다.

가족들은 누구보다 환자를 잘 안다고 생각하기 때문에 강박증 환자에게 화를 내거나 실망하게 된다. '그만 반복해라', '왜 그리 의지가 부족하니?' 하며 증상을 반복하지 않도록 강요하지만, 환자의 상태는 쉽게 좋아지지 않는다. 또한, 강박 증상이 무의미하고 비합리적인 행동임을 아무리 설명해도 환자의 증상은 감소하지 않는다. 그보다는 오히려 환자가 가족에게 자기 행동을 확인해 주길 바랄 때마다 확인해 주는 것이 가족 간의 불화를 일으키지 않는 쉬운 방법이라는 것을 알게 된다.

그렇다면 강박증 환자 가족들이 환자를 도와주는 방법으로는 무엇이 있을까? 가장 중요한 것은 병을 잘 이해하는 것이다. 가족들이 병에 대하여 잘 이해하면 할수록 병과 그 병을 가진 사람을 분리할 수 있게 된다. 가족들이 화를 내는 가장 큰 이유는 병과 사람을 구별하지 못하기 때문이다.

다시 한번 병을 가진 사람을 책망하지 말라고 당부하고 싶다. 강박증은 치료를 통해 고쳐야 하는 병이며, 환자는 단지 그 병을 앓고 있을 뿐이다. 환자의 의지가 부족하다거나 참을 수 있는데도 잘 참지 못한다고 화내지 말고 환자를 있는 그대로 받아들이는 것이 가장 중요하다.

병을 받아들인다고 해서 포기하거나 수동적으로 되라는 것은 아니다. '왜 강박증인가?', '하필이면 왜 우리 가족이 강박증에 걸린 것인가?' 하는 식의 '왜'라는 질문은 전혀 도움이 되지 않는다. 오히려 '어떻게?'라는 질문이 도움이 된다. '어떻게 강박증에 걸린 동생을, 혹은 형을 도와줄 수 있을까?'라고 생각해야 한다.

한 가지 꼭 알아 두어야 할 것은 강박증이 가족들 때문에 생긴 게 아니며, 또 가족들에게는 강박증을 고치거나 증상을 완화시키는 등의 조절 기능이 없다는 것을 명심해야 한다는 점이다. 그래야만 강박증 환자를 둔 가족들이 편안하게 살아갈 수 있다.

강박행동에 노출되도록 도와주어야 한다

강박증 환자들은 종종 가족에게서 자신의 행동에 대해 안심을 얻으려는 경우가 있다. 자신이 다른 사람을 오염시키지는 않았는지, 다른 사람에게 해를 끼치지는 않았는지 등을 다른 사람으로부터 확인하면 일시적으로 편안해지기 때문이다.

그러나 그렇게 안심하는 것은 잠시일 뿐, 시간이 지나면 곧 불안이 되살아난다. 이럴 때 또다시 안심시켜 주는 것은 일시적으로는 효과가 있지만, 장기적으로는 별로 좋지 않다. 안심시켜 주는 행동이 반복되면 마치 마약 중독과 같은 효과를 낳기 때문이다. 마약 중독 치료 방법이 약을 끊어 버리는 것이듯이 강박증도 가족들이 안심시켜 주는 것을 중단해야 한다.

강박증 환자는 불안을 회피하지 말고 거기에 노출될 필요가 있는데 그 이유는 노출을 통해, 그런 불안이나 공포에서 벗어날 수 있기 때문이다. 가족들이 환자에게 안심시켜 주지 않을 때 거친 방법으로 비난하는 태도를 갖지 않는 것이 중요하다. 말할 때는 중립적인 태도를 취하는 것이 좋은데 예를 들면, '의사 선생님이 내게 안심시켜 주는 것을 하지 말라고 했어'와 같이 말하는 것이다. 환자에게 직접 말하기 전에 가족들끼리 역할 연습을 해보는 것도 도움이 된다. 이때 환자에게 인색하게 하려는 것이 아니라, 환자 스스로 결론에 이르도록 하려는 것이라는 점을 상기시키도록 한다.

강박증에 대해서 모르는 사람이라면, 강박증 환자의 생각이나 행동이 이해되지 않고 이상해 보이며, 환자의 반복적인 확인이 귀찮을 수 있다. 그러나 강박증 환자 자신도 자신의 생각이나 행동이 비합리적이라는 것을 잘 알고 있으며, 이에 대해 저항하려고 노력하고 있다. 즉 환자는 '질병'에 시달리는 사람이지 절대 '이상한 사람'이 아닌 것이다.

따라서 가족 구성원 가운데에 이런 사람이 있다면 질병 때문에 힘들어하는 사람으로 이해하는 태도가 좋다. 강박증 환자의 행동은 절대 고의적인 것이 아니다. 옆에서 지켜보는 사람보다 본인 스스로가 가장 힘든 것이다. 비난하거나 꾸지람을 해서는 안 되며 오히려 강박증상에 맞서 저항하고 분투하는 모습이 보인다면 따뜻하게 격려해 주는 것이 좋다.

인지행동치료에는 가족의 도움이 필수

인지행동치료는 환자의 자발적인 참여와 의지가 가장 중요하다. 치료자는 환자에게 적절한 과제를 주고, 과제를 수행한 정도를 평가하여 다음 단계의 치료 내용을 결정한다.

환자는 운동선수이며 치료자는 감독인 셈이다. 보호자는 환자의 운동 과정을 지켜보며 격려를 보내는 코치라고나 할까? 그러나 모든 치료에 대한 내용은 감독에 의해 결정되듯, 인지행동치료에 참여하는 환자의 가족들은 특히 행동 과제에 간섭하거나 지적하는 행동을 조심해야 한다.

보호자가 치료 혹은 과제 내용을 결정하거나 변경시키는 일은 전체적인 치료 과정상 환자를 혼란에 빠뜨릴 우려가 크기 때문이다. 또한, 환자를 불필요하게 실망시킬 수도 있으므로 치료 내용에 대한 상의는 먼저 치료자인 의사와 이야기를 나누는 것이 기본이다.

인지행동치료는 집에서 해야 하는 과제가 많은 편인데 치료 기법의 하나로 강박 증상을 조금씩 줄여나가는 방법이 자주 사용된다. 예를 들면 손을 100번 씻어야 안심이 되는 사람이 치료 과제로 70번만 씻고 견디는 훈련을 한다면, 이때 보호자는 환자가 100번이 아닌 70번을 씻었다는 점을 확인하고 격려하며 칭찬을 해주어야 한다. 물론 보통 사람과 비교하면 70번도 지나치게 많은 횟수지만 70번이 최종 목표가 아니며 과정일 뿐이라는 사실을 보호자가 인식하는 것이 중요하다. 환자는 보호자의 격려나 칭찬에 상당한 자신감을 얻게 되므로 보호자는 집에서 보조 치료자로서 혹은 응원군으로서의 역할을 톡톡히 할 수 있게 된다.

강박증, 초기 치료가 중요하다

모든 병이 그렇지만 특히 정신질환은 초기에 치료하는 것이 무엇보다 중요하다. 강박증도 크게 다르지 않은데, 평소와 다른 행동을 보인다면 그것을 빨리 알아차려야 한다. 이때 강박증의 특징적 증상이 나타나지 않고 약간의 성격 변화만 있더라도 놓치면 안 된다. 대개 변화는 서서히 오지만 과거와는 다르게 행동하는 면이 생긴다. 혼자 있는 시간이 늘어나고 과민해지며 사람을 피하기도 하고, 판단을 잘 내리지 못하게 된다. 주위에서 보면 게으름을 피우는 것처럼 보이기도 한다.

강박증의 초기 증상을 알고 있으면 쉽게 판단할 수 있으므로 다음 사항을 알아 두는 것이 좋다.

첫째, 특별한 목적이 없이 빈둥거린다.

두 번째, 같은 일을 여러 번 반복한다.

세 번째, 주위 사람에게 계속해서 같은 질문을 반복하여 확인한다.

네 번째, 간단한 일을 하는 데에도 시간이 많이 걸린다.

다섯 번째, 계속 꾸물거린다.

여섯 번째, 사소한 일에 지나치게 집착한다.

일곱 번째, 작은 일에 심한 감정 변화를 보인다.

여덟 번째, 잠을 제대로 자지 못한다.

아홉 번째, 어떤 일을 하느라 늦게까지 자지 않는다.

열 번째, 식사 습관이 바뀐다.

열한 번째, 늘 하던 일상적인 일에도 심하게 몸부림을 치거나 피하
는 행동을 한다.

평소에 보이지 않던 이런 행동을 보인다면 강박증을 의심하고 더욱
주의 깊게 살펴보는 것이 좋다.

유대감이 끈끈한 가정이 환자의 회복을 돕는다

강박증과 살아가는 법 배우기

강박증 치료 프로그램에 종종 가족들을 참석시킬 때가 있다. 이는 가족들이 강박증을 이해함으로써 가족 간의 대화법이나 대화의 기술, 그리고 환자에 대한 바람직한 태도 등을 배우고 실천할 수 있도록 하기 위함이다.

강박증은 환자에게 큰 고통임은 물론 가족에게도 심각한 정신적인 스트레스가 된다. 환자로 인해 고통받는 가족들끼리 만나 의견을 교환하고 동병상련을 느끼면서 스트레스를 해소할 수도 있고, 더욱 정확하게 환자의 상태나 대처법 등을 알 수 있으므로 가족 구성원 스스로 힘을 얻게 된다.

한 가지 중요한 것은 이런 경우 가족들이 너무 역동적인 관점에서 환자를 이해하려 하고 강박 증상의 내용을 분석하려는 경우가 있는데 이는 바람직한 태도가 아니다. 환자나 가족들이 강박 증상의 내용을 분석하기 위하여 자랄 때의 환경이나 심리적인 것에 중점을 두면, 자칫 가족이나 환자에게 잘못된 죄책감을 심어 주고, 이것이 치료에 부정적인 영향을 끼칠 수 있기 때문이다.

환자의 변화를 매일매일 비교하는 것은 무의미하다

강박증 환자들은 일상생활에 조그마한 변화가 와도 극심하게 스트레스를 받는다. 그러므로 가족들은 조급하게 회복을 강요하기보다는 긍정적이며 응원하는 태도를 보이며 기다려야 한다. 환자의 상태는 아직 멀었는데 기대치를 높이 갖고 환자를 바라본다면 환자는 스트레스를 받으며 심한 부담감을 가지게 된다.

또한, 사람마다 증상의 정도에 차이가 있다. 따라서 그 사람의 수준에 맞는 호전을 기대해야 한다. 그 사람의 수준에서 최대의 능력을 발휘하게끔 도와줄 필요는 있지만, 능력을 벗어나는 수준을 강요하지 말아야 한다. 개인마다 증상의 정도도 다양하지만 호전되는 속도 역시 천차만별이다. 따라서 인내심을 갖고 서서히 호전되기를 기다리는 것이 좋다.

환자의 증상이 조금씩 좋아질 때 무엇보다 중요한 것은 하루하루의 변화에 민감하게 반응하지 말고 장기적인 마인드를 가져야 한다는 것이다. 강박증은 대부분 좋아졌다 나빠졌다 하는데, 증상이 약간 나빠졌다고 치료에 실패한 것은 아니며, 괜한 실패감은 스트레스로 작용하여 증상을 악화시키고 자신이 증상을 조절할 수 없다는 자책감을 갖게 만든다. 그러므로 증세가 가장 나빴을 때와 비교해 보고, 치료를 처음 시작했을 때와 비교하여 얼마나 호전되었는지를 생각해 보는 게 필요하다.

유대감이 끈끈한 가정이 환자의 회복을 돕는다

'가화만사성'이란 말이 있는데 이는 강박증 치료에도 적용된다. 강박증 환자가 생기면 집안 분위기가 어색해질 것이다. 그러나 이런 변화를 받아들이고 환자가 생겼다는 사실에 나머지 가족들이 적응하고 그 환경을 받아들이면서 나름대로 새로운 환경을 만들어나가는 것이 중요하다.

또한, 강박증 환자가 편하게 생활할 수 있는 분위기로 만들어 주려는 노력이 필요하다. 환자가 샤워를 평소보다 5분 일찍 끝냈다면 그것을 칭찬해 주고, 이런 작은 호전에도 가족들이 알아준다는 표현을 하는 것이 좋다. 이런 사소한 격려가 환자에게 큰 힘이 되는 것이다.

강박 증상에 대한 가족의 반응은 여러 형태로 나타나는데 가족 간의 관계가 얽혀 있어 경계가 불분명한 경우가 흔하다. 평소 관계가 적대적이던 가족은 환자의 증상을 참지 못하고 비판적으로 반응해 가정에 불안이 증가하는 경우가 많다.

또한, 대부분의 경우 강박 증상은 가족 구성원에게 죄책감을 불러일으키고, 정신질환을 가진 가족이 있다는 사회적 낙인이 가족에게도 심한 스트레스를 야기한다. 이런 성향의 가족들은 환자에게 가장 좋지 않은 영향을 끼치는데 이는 환자에게 불안과 죄책감을 일으키며 강박 증상에 저항하려는 힘을 약화시킨다. 그러므로 가족들이 가장 삼가야 할 것은 환자에 대한 지나친 지적과 비판, 적대감 표현 등이다.

무엇보다 유대감이 끈끈한 가족이 있다는 건 환자가 병을 극복하는 데 있어 아무리 강조해도 모자람이 없는 환경이다. 그러므로 환자를 비난한다거나 윽박지르기보다는 환자 스스로 저항하며 극복할 수 있도록 격려하고 포용할 수 있는 마음가짐이 절대적으로 필요하다는 사실을 다시 한번 되새길 필요가 있다.

대화는 가능한 한 간단하게, 약속은 지킬 수 있는 것만

강박증 환자에게는 긴 설명이 필요 없다. 대부분의 강박증 환자는 주위 사람으로부터 자신의 행동을 확인받으려고 한다. 아무리 설명을 잘 해주어도 환자는 확인받고 싶어 하기 때문에 강박행동은 줄어들지 않는다. 환자와 대화를 나눌 때는 처음부터 끝까지 다 설명하려는 환자의 말에 끌려다니지 말고 간단명료하게 할 이야기를 하는 태도가 좋다.

또한, 강박 증상의 호전을 도와주려는 가족들의 노력이 환자에게는 자신을 배척하거나 무시하는 것으로 느낄 수도 있다. 그러므로 가족들과 환자는 일종의 계약을 하는 것이 좋은데, 예를 들면 환자가 자신의 강박 증상을 주위로부터 확인하려고 하면 가족들이 이를 확인해 주지 않겠다고 계약하는 것이다. 그리고 그 계약에 충실하도록 노력한다.

환자의 증상을 호전시키려는 가족들의 태도는 확고해야 한다. 강박 증상은 그날그날 기분에 따라 조금씩 달라질 수 있다. 기분이 좋지 않은 날은 가족들이 증세에 대한 기준치를 좀 낮게, 그리고 환자의 기분이 좋은 날에는 기준치를 높게 잡아 환자가 증상에 무난히 저항할 수 있도록 격려하는 것이 필요하다.

다른 가족의 생활도 보장될 수 있도록 각별한 주의를 기울여야

가족 중에 강박증 환자가 있으면 다른 가족들은 일상생활에 지장을 받는 경우가 흔하다. 그러므로 환자와 적당히 타협하여 정상적인 생활을 영위하도록 노력해야 한다. 이때 웃음은 꼭 필요하다. 누군가 그랬던 것처럼 유머는 만병의 치료약이다. 유머러스한 이야기라든지 요즘 유행하는 이야기 등을 나누면서 분위기를 부드럽게 하는 것도 좋은 양념이 된다. 환자의 상황에 너무 매달리면 온 가족의 생활 자체가 엉망이 될 수 있으므로 관심을 갖고 격려는 하되, 환자에게 끌려다니는 모습은 환자나 가족 전체를 위해 좋은 방법이 아니라는 것을 정확히 이해하고 가족과 환자 사이의 긴장을 완화시키도록 노력한다.

이렇게 노력하다가도 너무 피곤할 때가 있다. 이럴 때는 가족 구성원 각자 환자에게서 벗어나 혼자의 시간을 가지면서 편안하고 자유로운 분위기에서 쉴 수 있도록 해야 한다. 항상 환자를 돌봐야 한다는 생각은 어쩌면 가족의 생각일 뿐이지 환자에게 꼭 필요한 것은 아닐수도 있기 때문이다.

정신과 약을 먹으면 머리가 나빠진다?

약 복용을 무조건 거부하면 호미로 막을 걸 가래로도 못 막는다

약 한 알로 사람의 마음이나 기분을 바꾼다는 것이 가능할까? 사실 약 한 알로 인간의 복잡한 정신 현상을 변화시킬 수 있다는 것은 쉬 믿기 어려운 일일 것이다. 요즘은 정신과에서 약물을 사용하여 병을 치료하는 일이 상식이 되었지만, 아직도 정신과라고 하면 마음의 병, 스트레스에 의하여 생긴 병, 주위의 환경에서 오는 병으로 생각하는 사람이 많다.

이런 사람들은 마음먹기에 따라 병이 좋아지기도 나빠지기도 한다고 생각한다. 그래서 가족 가운데에 누군가가 정신질환에 걸렸을 때, 병원에 가서 약물치료를 하기보다는 환자 개인의 정신력으로 극복하도록 요구하거나 신앙의 힘을 빌려 고칠 수 있다고 환자를 끌고 다니

기도 한다. 이런 생각이 순전히 틀린 건 아니지만 아무리 마음을 고쳐먹고 의지를 강하게 갖고 노력해도 되지 않는 게 있다.

정신질환 치료에 약물을 도입한 것은 그리 오래된 일이 아니다. 1950년대 '클로르프로마진'이라는 약물이 정신병에 효과적이라는 사실을 우연히 발견함으로써 비로소 생물정신의학의 시대가 도래했다. 그러나 이런 약들이 증세 호전에 도움이 되는 사람들도 있지만, 일부에서는 전혀 효과가 없는 경우도 있다.

어째서 어떤 사람에게는 효과적인데 다른 사람에게는 효과가 없는지 현재로서는 알 수가 없다. 또한, 약을 사용했을 때 미리 효과가 있는지 아닌지를 평가할 방법도 없다. 약물에 의하여 강박 증상이 호전되는 것은 분명하지만, 아직도 가야 할 길은 멀기만 하다. 그래도 초기에 약물치료를 함으로써 손을 쓸 수 있는 상황을 방치하는 것보다는 낫지 않은가?

그런데 많은 사람이 약물, 특히 정신과 약물을 처방할 때 '중독되지 않는가?' 혹은 '머리가 나빠지지 않는가?'라고 질문한다. 이렇듯 정신과 약물, 즉 뇌에 영향을 주는 약에 대한 두려움은 오랫동안 약물을 복용해야 한다는 데서 오는 걱정이라 할 수 있다.

그러나 같은 약인데도 고혈압이나 당뇨병을 치료하는 약물을 복용하는 경우는 훨씬 걱정이 덜 하다. 당연히 오랫동안 약을 복용해야 한다고 생각한다. 대부분의 정신과 질환은 오랫동안 굳어진 생활 습관, 주위 환경, 성격적인 특성 등에 영향을 받기 때문에 치료가 장기적일 수밖에 없고, 약을 장기간 복용해야 하는 경우가 많다. 어느 날 갑자기 생긴 질환이 아니라 서서히 조금씩 진행되다 발병한 질환인 것이다. 따라서 10년에 걸쳐 형성된 습관을 바로잡기 위해서는 10년이 걸린다고 생각해야 한다. 긴 시간 동안 자신도 모르게 형성된 사고 형태나 행동을 고치기 위해서는 그만큼의 시간이 필요한 것이다. 치료에 필요한 시간을 단축하기 위하여 약물도 복용하고 인지행동치료도 하는 것이다.

약물은 강박증으로 인해 떨어진 대뇌 기능을 다시 원활한 상태로 회복시켜 주므로 오히려 지적 능력을 향상시켜 준다. 물론 약물에 의한 부작용 때문에 힘든 경우도 있지만, 대부분의 경우 약물의 부작용은 일시적이므로 크게 걱정할 필요는 없다. 약물을 복용하지 않음으로써 겪게 되는 마음의 고통과 일상생활에서의 불편함이 약물 복용으로 나타나는 사소한 불편보다 훨씬 크다. 약물을 복용하지 않음으로써 병이 재발하는 것보다 약물을 복용하면서 일상생활을 잘하는 것이 더 중요하다.

중요한 것은 약을 복용하느냐 복용하지 않느냐가 아니라 일상생활을 고통 없이 잘해 낼 수 있느냐 없느냐의 문제인 것이다. 몸에 좋다는 비타민은 날마다 챙겨 먹으면서, 치료약은 그 작은 부작용을 이유로 먹지 않겠다는 것은 이해할 수 없는 일이다. 건강을 유지하기 위해 규칙적으로 운동하듯이 일상적인 리듬이 깨진 뇌의 신경 전달 물질을 바로잡아 주는 약물도 계속 공급해야 한다. 이렇게 꾸준히 복용하다

보면 뇌도 적응하게 되고, 나중에는 외부 물질의 도움 없이도 균형 잡힌 기능을 발휘할 수 있는 것이다. 그때를 기다리며 꾸준히 복용해야 하는데 복용 기간은 사람마다 다르다.

약물을 복용하다 중단하면 상당수의 환자에게서 강박 증상이 재발하는 것으로 알려져 있는데, 이 점이 인지행동치료와 다르다. 인지행동치료는 치료가 종결되어도 그 효과가 계속 유지되는 경우가 많은데, 약물치료는 중단 후 한 달에서 두 달이 지나면 강박 증상이 다시 나타나는 경우가 많다. 따라서 얼마나 오랫동안 약물을 복용해야 하는지는 환자의 상태를 지켜보면서 의사와 상담하는 것이 좋다.

약물을 복용하면 성 기능 장애가 생길 수도 있다

강박증에 흔히 사용되는 세로토닌 재흡수차단제는 일부 환자에게 성 기능 장애를 일으킨다고 알려져 있다. 이 약을 복용하는 경우 성적 욕구가 감소하고 오르가슴을 느끼는 데 문제가 발생한다는 것이다. 또한, 남자의 경우 발기 부전이 생길 수도 있다. 많은 강박증 환자가 성적 문제를 의사에게 말하기 부끄러워 그냥 넘어가거나, 심하면 의사와 상의도 없이 자의로 약을 먹지 않는 경우도 있다. 이처럼 성 기능 장애를 이유로 약을 잘 먹지 않는 환자는 의외로 많다.

보고에 의하면 선택적 세로토닌 재흡수차단제는 약물 복용 초기에 2~9% 정도의 환자에게 성 기능 장애를 일으킨다고 알려졌지만, 최근 조사에 의하면 약 30~40%의 환자에게서 장애 현상이 나타난다고 한다. 성 기능 장애를 일으키는 원인은 세로토닌이 증가하기 때문일 것으로 추정되는데, 세로토닌은 사정이나 오르가슴을 억제하는 작용을 한다.

약물 복용에 따른 성 기능 장애의 부작용이 의심되면, 의사에게 자신의 성적 상황에 대한 정확한 정보를 주어야 그에 따른 적절한 대처 방법을 세울 수 있다는 걸 명심해야 한다. 이때 자신의 성적 욕구, 오르가슴의 정도, 발기 정도, 성적인 만족도 등에 대해 솔직하게 의사와 상의하는 것이 좋다. 성 기능 장애는 단지 약간의 용량의 감소로 없어지기도 하며, 또 어떤 사람에게는 약물 복용 초기에 나타났다가 시간이 지나면서 없어지기도 한다. 이 밖에 강박증 치료에는 많은 약이 있으므로 성 기능 장애를 적게 일으키는 약물로 바꾸는 것도 방법이다. 무엇보다 마음을 열고 의사와 상의하려는 마음이 필요하다.

강박증에 대해 알고 싶은 24가지

────────

궁금증1 강박사고나 강박행동을 한 가지라도 갖고 있으면 강박증이라고 할 수 있나요?

그 증상이나 행동이 당신의 건강한 생각, 사고, 또는 일상생활을 얼마나 저해하는가에 달려 있습니다. 만일 이러한 증상이나 유사한 성질의 증상을 가지고 있다면, 강박증을 전문으로 다루는 정신과 의사를 찾아가 상담해 보길 권합니다.

궁금증2 강박증은 불안장애의 일종인가요?

그렇습니다. 강박적인 생각은 불안을 야기합니다. 그 불안을 일시적으로 해소하려고 강박적인 행동을 하는 것입니다.

나는 피곤하게 살고 싶지 않다

궁금증3 강박증은 흔한 질환입니까?

과거에는 매우 드문 질환으로 생각했습니다. 그러나 최근 국내외 연구 결과를 보면, 전체 인구의 약 1.5%가 이 질환을 앓고 있는 것으로 나타났습니다. 또한, 평생 동안 이 질환을 앓게 되는 사람은 전체 인구의 2~3% 정도로 알려져 있습니다. 이는 인종, 성별, 그리고 사회·경제적 상태와 무관합니다.

궁금증4 혹시 강박증은 일시적인 유행이 아닐까요?

그렇지 않습니다. 역사적으로 보면 강박증의 사례들이 끊임없이 언급되고 있습니다. 단지 드러내고 싶지 않아서 많은 환자가 의사나 진료 기관을 찾기를 주저해 왔습니다. 점차 효과적인 치료 방법이 개발되고 그 질환에 대해서 많은 지식이 축적됨에 따라 보다 많은 사람이 어려움을 해결하고자 의사를 찾고 있습니다. 불행히도 아직은 '정신과 환자'라는 사회적 오점을 꺼리는 경향이 있기는 하지만, 전문가와 환자 모두 이런 분위기가 변하길 바랍니다.

궁금증5 강박증을 가진 사람이 행동을 멈출 수 없는 이유는 무엇이지요?

행동을 멈출 수 없는 가장 큰 이유는 아마 불안 때문일 것입니다. 강박증을 가진 사람은 증상이 어떤 것에 집중될 때 극심한 불안을 겪습니다. 자신이 집중하는 것이 제대로 되어 있는지 확인하려 합니다. 강박증은 의심하는 병이므로, 강박증을 지닌 사람은 어떤 것이 제대로 되어 있음을 결코 확신할 수 없습니다. 이러한 생각이 강박행동의 형태로 나타나게 되는 것이며, 손 씻기가 그 예입니다. 아무리 열심히 손을 씻더라도 손이 깨끗하다고 느낄 수 없습니다. 항상 '혹시' 하는 생각으로 의심하며 계속 손을 씻는 것입니다. 강박행동이 동반될 경우, 만일 강박행동을 하지 않는다면 불안은 더 견딜 수 없이 끔찍한 수준에까지 이르게 됩니다.

궁금증6 강박증을 가진 사람은 소위 '미친 사람'입니까?

아닙니다. 자신의 행동과 생각이 비정상적이라는 점을 인식한다는 점에서 정신병은 아닙니다. 신경증, 즉 노이로제의 일종이라고 할 수 있습니다. 강박증을 지닌 대부분의 사람들은 자신의 행동이 이상하다는 것을 압니다. 그러므로 강박증을 지닌 사람은 소위 미친 사람이 아닙니다.

궁금증7 강박증은 심리적인 문제 때문입니까, 생물학적인 문제 때문입니까, 아니면 둘 다입니까?

강박증은 대개 심리적인 요소와 생물학적인 요소를 모두 지니고 있다고 할 수 있습니다. 생물학적인 문제도 원인 중 하나인데 예를 들자면 개, 말, 새 등의 동물에게서도 강박증과 비슷한 행동이 관찰되고 있습니다. 강박 증상의 출현을 매개하는 대뇌의 특이한 이상이 발견되었습니다. 약물치료나 행동치료가 성공적으로 이루어지면 이 대뇌의 이상도 호전됩니다.

궁금증8 강박증은 선천적인가요, 후천적인가요?

강박증의 소질은 타고나는 것으로 생각되지만, 그것만으로 질환을 일으키는 것은 아닙니다. 때로는 충격적인 사건이나 스트레스 후에, 또는 포도상 구균에 의한 인두염 발병 후 유발되기도 합니다. 그러나 질환으로 이어지려면 이전에 그 소질을 지니고 있어야 합니다.

궁금증9 강박증과 관련 있는 다른 질환이 있나요?

투레트장애와 아주 밀접한 관련이 있는데, 특히 소아기나 청소년기에 강박 증상을 나타내는 많은 이에게서 투레트장애가 동시에 나타납니다. 강박증과 유사해 보이는 또 다른 질환으로는 신체이형성 장애(body dysmorphic disorder), 병적 머리 뽑기(trichotillomania), 그리고 충동조절장애(impulse control disorder) 등이 있습니다. 그러나 이 질환들이 정말로 강박증과 관련이 있는지는 분명하지 않습니다. 강박증을 지닌 사람에게서 흔히 동반되는 질환으로는 주로 우울증, 사회 공포증, 공황장애 등이 있습니다.

궁금증10 강박증과 우울증은 관련이 있나요?

강박증을 지닌 사람의 60~90%가 평생 한 번 이상은 뚜렷한 우울증을 경험하는 것으로 알려져 있습니다. 어떤 학자들은 강박증이 우울증을 유발한다고 보지만, 두 질환이 공존하기 쉽다고 생각하면 됩니다.

궁금증11 강박증을 치료하는 데 가장 큰 어려움은 어떤 것인지요?

일반적으로 증세를 숨기고 싶어 하는 경향, 강박증에 대한 무지, 약물 복용에 대한 두려움, 그리고 행동치료 시 두려움에 직면하기를 무서워하는 것 등입니다.

궁금증12 강박증을 지닌 많은 사람이 증상을 숨기는 이유는 무엇인지요?

대개는 그런 이상한 생각과 행동을 한다는 부끄러움과 다른 이들에게 이상한 사람이나 미친 사람으로 취급당하지 않을까 하는 두려움 때문입니다.

궁금증13 치료를 받지 않을 경우에는 어떻게 되지요?

악화와 경감을 반복하겠지만, 치료를 받지 않으면 강박증은 무한정 지속됩니다. 치료를 받지 않고서 저절로 증상이 없어지는 경우는 강박증을 앓는 사람의 10~20% 정도에 지나지 않습니다.

궁금증14 치료를 받으면 예후는 어떤지요?

치료를 잘 받을수록 예후는 매우 좋습니다. 적절한 약물치료와 행동치료로 강박증을 지닌 사람의 약 80%가 상당히 호전됩니다. 증상이 다시 조금씩 나타나거나 재발하는 경우도 있지만, 이러한 증상은 완전한 강박증의 상태에 빠져들기 전에 조절될 수 있습니다.

궁금증15 강박증 치료 방법으로는 어떤 것이 있는지요?

가장 효과적인 방법은 약물치료와 행동치료입니다. 이 두 가지 치료가 동시에 제공될 때 가장 효과적입니다.

궁금증16 강박증의 치료에 사용되는 약물로는 어떤 종류가 있는지요?

가장 효과적인 약물은 선택적 세로토닌 재흡수 억제제(SSRIs: Se-lective Serotonin Reuptake Inhibitors)로서 플루옥세틴(fluoxetine), 서트랄린(sertraline), 파록세틴(paroxetine), 플루복사민(fluvoxamine), 클로미프라민(clomipramine) 등이 있습니다. 이 약물들이 강박증에 효과적인 약물로 인정받고 있으나, 그 효과를 증대시키기 위해 다른 약물들도 흔히 사용됩니다.

궁금증17 스트레스가 강박증에 영향을 미치는지요?

그렇습니다. 스트레스 상황에서는 강박 증상이 악화됩니다. 스트레스 자체가 강박증의 원인은 아니지만, 사랑하는 사람과의 사별, 아이의 출산, 또는 이혼 등으로 스트레스를 받으면 강박증이 발병되거나 기존의 강박증이 더 악화할 수 있습니다.

궁금증18 강박증을 가지고 있다면 입원해야 하나요?

거의 대부분의 경우는 입원하지 않고 외래에서의 약물치료와 행동치료만으로도 충분합니다. 그러나 심한 사람의 경우, 아무래도 외래를 다니면서 사회생활을 하는 데에 어려움이 있을 것이므로 입원도 좋은 방법입니다. 특히 부분 입원(낮에는 병원에서 생활하고 저녁에는 집으로 돌아가는)도 좋은 방법입니다.

궁금증19 시간이 지나면서 강박 증상의 종류가 바뀌는 경우도 있는지요?

바뀔 수 있습니다. 때로는 기존의 증상에 새로운 증상이 추가로 나타나기도 하고, 때로는 기존 증상이 완전히 새로운 증상으로 교체되기도 합니다.

궁금증20 강박증은 전염되나요?

전혀 그렇지 않습니다.

궁금증21 부모가 강박증을 가지고 있다면, 그 자녀가 강박증을 가지게 될 확률은 어느 정도인지요?

일반적으로 강박증 환자의 친척 중 약 10%가 강박증을 지닌 것으로 알려져 있습니다. 그리고 약 5~10%는 강박증이라고 할 수는 없지만 아주 가벼운 정도의 강박 증상을 가지고 있습니다. 그러나 환자의 자녀가 강박증일 것이냐 하는 점은 상황에 따라 아주 다릅니다. 성인기에 발병한 강박증보다는 소아기에 발병한 강박증, 그리고 투레트장애나 틱장애를 동반하고 있는 경우가 보다 많은 유전적 경향을 가지고 있습니다. 부모가 모두 강박증인 경우에는 자녀가 강박증을 지닐 위험이 두 배로 증가하여 평균 20% 정도가 됩니다.

궁금증22 강박 증상이 심해지기 전에 멈추게 할 기술이 있나요?

있기는 하지만 그렇게 효과적이진 않습니다. 강박 증상을 멈출 수 있는 가장 좋은 방법은 강박행동을 갑작스럽게 멈추어 버리는 것입니다. 강박행동을 멈춘다면 당분간은 강박사고가 강해질 것입니다. 그러나 시간이 지남에 따라 강박사고는 감소하고 이에 동반된 불안의 정도도 감소합니다.

궁금증23 가족이나 친구가 도울 수 있는 방법이 있나요?

가족은 교육 등을 통해 강박증을 잘 이해하는 것이 중요하며, 약물치료나 행동치료를 지지하고 격려해 주는 역할을 할 수 있습니다. 가족이 교육을 받을 수 있는 방법은 외국에 비해서는 아직 미약하지만, 우리나라에서도 점차 체계화해 가고 있습니다. 관련 서적이나 여러 가족들의 지지 모임을 통해서 정보와 경험을 나눌 수 있습니다. 어떤 환자는 가족의 치료 참여를 통해서 많은 도움을 얻고 있습니다.

궁금증24 약물치료, 인지행동치료 등 모든 노력을 다해도 도저히 호전되지 않을 경우, 어떻게 해야 하나요?

아주 일부 환자에서는 약물이나 인지행동치료, 정신치료 등 모든 방법을 다 석용해도 효과가 없는 경우가 있다. 이런 경우에는 소위 신경조절술 (neuromodulation)이라는 심부뇌자극술(deep brain stimulation), 감마나이프(Gamma Knife) 등을 사용하여 효과를 보고 있다.

건강한 생활을 위한 조언

빈 시간 채우기

강박증이 자리 잡지 못하게 하기 위해서는 빈 시간을 뜻 깊고 생산적인 활동으로 채우는 것이 가장 좋다. '게으른 마음속에 악마가 뛰어논다'는 격언을 명심하자. 아래 빈칸에 참여하고 싶은 활동들을 적어보자. 취미 활동, 자원봉사, 그림 그리기, 일기 쓰기 등 다양한 활동이 포함될 수 있을 것이다.

_____

_____

식사 제대로 하기

우리의 뇌가 최상의 상태를 유지하기 위해서는 균형 잡힌 건강한 식사가 필수적이다.

물론 특정한 증상을 조절하기 위해 식단의 변화를 주는 경우도 있다. 알코올은 중앙 신경계 기능을 저하시키므로 금주하면 불안증이 감소할 뿐만 아니라 우울증에도 긍정적인 영향을 미친다. 다수의 강박증 환자들은 때로 불안하거나 과도하게 자극된 상태가 되는데, 설상가상으로 강박증 치료제 가운데 일부는 이러한 상태를 강화하는 부작용이 있다. 커피, 콜라, 초콜릿 등 카페인이 든 식품도 피하는 게 좋다.

빵이나 흰쌀밥 같은 정제된 탄수화물을 피하는 것이 좋고, 설탕이 든 식품은 무조건 멀리 하도록 한다. 대신에 과일과 통밀 빵과 통밀 파스타 같은 복합 탄수화물을 섭취하는 게 좋다. 이를 통해 각성된 기분이 차분해지며, 강박증 치료제가 흔히 가져오는 두 가지 부작용인 체중증가와 탄수화물 탐닉에 대응할 수 있다.

적당한 운동하기

필자는 환자들에게 운동을 권한다. 정신 건강과 육체 건강이 밀접한 관계가 있기 때문이다. 필자의 권유대로 운동을 한 환자들은 대체로 경과가 좋다. "당신이 트레이너요? 왜 자꾸 운동을 하라고 하세요?"라며 운동을 거부한 환자는 경과도 좋지 않았다.

적당한 운동은 중요하지만 너무 집착하거나 지나치게 힘든 운동을 할 필요는 없다. 적당한 운동을 규칙적으로 하면 칼로리를 소비하고 신진대사율을 높이고 식욕을 감소시켜 주므로 많은 혜택을 누릴 수 있다. 근육 긴장이 풀어지고 집중력과 기억력이 높아지며 숙면에 도움이 된다. 우울과 불안, 스트레스도 줄어든다. 또한 운동 덕에 외모가 개선되면 기분이 좋아질 뿐 아니라 자신감과 자존감이 높아지므로 강박증 개선에도 도움이 된다. 헬스클럽 안에서 땀을 흘리는 사람들 속에 함께 있거나 더럽게 느껴지는 거리에서 조깅을 하는 행위가 실생활에서 노출과 반응방지(Exposure and Response Prevention, ERP)를 실천할 수 있는 기회도 제공하므로 금상첨화이다. 운동 계획을 세우기 전에 반드시 담당 의사랑 상의하도록 한다.

스트레스 줄이기

스트레스를 전혀 받지 않은 삶이란 사실 불가능하다. 특히 이사, 질병, 출산 그리고 죽음같이 변화와 전환을 겪는 시기에 스트레스는 더욱 가중된다. 다른 도시에 사는 지인이 찾아오는 것처럼 사소해 보이는 일조차도 상당한 스트레스를 유발할 수 있다. 강박증은 스트레스가 많을 때 더 기승을 부리는 경향이 있으므로, 이런 시기에는 자기주도 프로그램을 충실히 이행하는 데 큰 곤란을 겪게 된다. 이 점을 미리 예상하고 자신에게 휴식을 주도록 한다. 삶이 프로그램을 이행하는 데 방해가 되는 시기에는 자신에게 특별히 너그럽게 대하고, 그저 최선을 다하도록 한다. 일상생활에서 스트레스의 양을 줄이는 방법을 모색하고, 이에 대응할 새로운 방법을 찾아보는 것이 좋다. 예를 들어, 음악을 듣거나 친구와 대화를 나누거나 혹은 취미활동을 하면서 휴식을 취하도록 한다.

또한 과도한 피로는 강박증을 악화시킬 수 있으므로 적당한 수면과 휴식이 필수적이라는 점에 유념해야 한다. 강박증 치료제 복용으로 수면장애가 생길 경우에는 담당의사와 의논하도록 한다.

건전한 삶 영위하기

스트레스 줄이기, 긴장 풀기, 식단 개선하기 그리고 맞춤 운동 프로그램 등에 관해서는 도움이 되는 정보를 담은 책이 시중에 많이 나와 있으니 참고하면 된다.

다음의 빈칸에 스트레스 줄이기, 긴장 풀기, 다이어트, 운동 그리고 일반적으로 자신의 라이프스타일을 변화시킬 계획을 써 보자.

_____

_____

내 증세는 과연 강박증일까, 아닐까?

강박 증상 체크리스트

한국판 예일-브라운 강박 척도

<강박증상 목록>

아래 강박사고와 강박행동의 목록들을 잘 읽어 보시고, 그 예를 참조하여
지금 현재 당신을 괴롭히는 증상이 있다면 오른쪽 박스에 체크(V)해 주십시오.

공격적 강박사고

1	내 자신에게 해를 입히지 않을까 매우 두렵다. (예: 날카로운 물체를 다룰 때 두려움)	☐
2	다른 사람에게 해를 입히지 않을까 매우 두렵다. (예: 열차 앞으로 누군가를 밀어버릴까 두려움, 누군가의 감정을 상하게 할 것 같은 두려움)	☐
3	마음속에 폭력적이거나 무서운 장면이 떠오른다. (예: 살인하는 장면, 토막 난 시체)	☐
4	음란한 말이나 무례한 말을 무심코 내뱉지 않을까 매우 두렵다.	☐
5	무언가 창피한 행동을 할까 매우 두렵다. (예: 사회적 상황에서 바보처럼 보이는 것)	☐
6	원치 않는 충동을 행동으로 옮길 것 같아 매우 두렵다. (예: 친구를 칼로 찌르는 것)	☐
7	물건을 훔칠 것 같아 매우 두렵다. (예: 쇼핑 중에 물건을 슬쩍 해옴)	☐
8	충분히 주의하지 않아서 다른 사람에게 해를 끼칠까 매우 두렵다. (예: 뺑소니사고)	☐
9	나의 책임으로 그 외의 무언가 끔찍한 일이 생길까 매우 두렵다. (예: 집을 비우기 전 확인을 하지 않아 화재나 도난 사건이 일어나는 것)	☐

오염 강박사고

10	신체 배설물이나 분비물에 대해 걱정하거나 혐오한다. (예: 대소변, 침)	☐
11	더러운 것이나 병균에 대해 걱정한다. (예: 손잡이를 만질 때 병균이 옮을 것 같음)	☐
12	환경 오염물질에 대해 지나치게 걱정한다. (예: 석면, 방사능, 독성 폐기물)	☐
13	특정한 가정용 세제에 대해 지나치게 걱정한다. (예: 락스, 유기용매)	☐
14	동물에 대해 지나치게 걱정한다. (예: 곤충, 개 등을 만져서 오염될 것 같은 두려움)	☐
15	끈적거리는 물질이나 찌꺼기 때문에 신경이 쓰인다. (예: 접착테이프가 오염물질을 보유하고 있을 것 같아 두려움)	☐
16	오염물질로 인해 내가 병에 걸릴 것 같아 걱정한다.	☐
17	내가 적극적으로 오염물질을 퍼트려서 다른 사람을 병들게 할 것 같아 걱정한다. (예: 유독 물질을 만진 후 다른 사람을 만지는 것)	☐

성적 강박사고

18	마음속에 금지된 또는 변태적인 성적인 생각, 장면, 충동이 떠오른다.	☐
19	마음속에 어린아이 또는 근친상간과 관련된 내용의 성적인 생각이 떠오른다. (예: 자녀나 다른 아이들에게 성적으로 치근덕거리는 생각)	☐
20	마음속에 동성애와 관련된 내용의 생각이 떠오른다. (예: 전혀 근거가 없에도 '내가 동성애자일까?'라는 생각이 떠오름)	☐
21	누군가를 향해 공격적으로 성적인 행동을 하는 생각이 떠오른다. (예: 낯선 사람이나 친구, 가족들을 향해 폭력적인 성적 행동을 하는 장면)	☐

축적/절약 강박사고

22	무언가를 쌓아 두거나 절약해야 한다는 강박사고가 있다. (예: 겉으로 보기에 중요하지 않은 물건조차도 미래에 필요할지 모른다는 생각에 갖다 버리는 것을 걱정함)	☐

종교적 강박사고(정직함)

23	신성모독 또는 불경스러움에 대해 걱정한다. (예: 신성모독적인 말이나 행동으로 인해 처벌받을 것을 두려워함)	☐
24	도덕성에 대해 지나치게 걱정한다. (예: 항상 옳은 일을 해야 함)	☐

대칭 또는 정확성에 대한 욕구와 관련된 강박사고

25	대칭과 정확성에 대한 강박사고가 있다. (예: 서류와 책들이 똑바로 정렬되어 있는지 걱정함, 계산과 필기가 완벽하게 되었는지를 걱정함)	☐

기타 강박사고

26	특정한 무언가를 알거나 기억하고 있어야 한다. (예: 자동차 번호판, 배우 이름, 등)	☐
27	특정한 무언가를 말할까 매우 두렵다. (예: 숫자 '4', 특정 단어)	☐
28	딱 알맞은 말을 하지 못할까 매우 두렵다. (예: 틀린 것을 말할까봐 걱정)	☐
29	물건을 잃어버릴까봐 매우 두렵다. (예: 지갑, 메모지, 등)	☐
30	마음속에 폭력적인 내용은 아니지만 어떤 장면이 자꾸 떠올라 신경이 쓰인다.	☐
31	마음속에 무의미한 소리, 단어, 음악이 자꾸 떠올라 신경이 쓰인다.	☐
32	특정 소리나 소음에 신경이 쓰인다. (예: 시계의 똑딱거리는 소리)	☐

33	나에게는 행운 또는 불행의 숫자가 있다. (예: '13'이라는 숫자를 걱정하여 행운의 시간이 될 때까지 활동을 미룸)	☐
34	나에게 어떤 색깔은 특별한 의미를 지닌다. (예: 검정색은 죽음을 뜻함)	☐
35	미신적인 두려움을 가지고 있다. (예: 장례식차를 지나갈 때 두려움)	☐

신체적 강박사고

36	질병에 걸리지 않을까 걱정한다. (예: 암, 심장병, 에이즈)	☐
37	신체의 어떤 부위 또는 외모에 대해 지나치게 염려한다. (예: 몸이나 얼굴 모양이 변형되는 것에 대한 공포)	☐

청결/세척 강박행동

38	지나치게, 또는 일정한 방식으로 손을 씻는다. (예: 오랜 시간 손이나 팔을 씻음)	☐
39	지나치게, 또는 일정한 방식으로 샤워, 목욕, 양치질, 몸치장, 배변행위 등을 한다. (예: 몇 시간씩 샤워를 하고, 순서가 잘못되면 처음부터 다시 시작하기도 함)	☐
40	가정용품이나 기타 물건을 지나치게, 또는 일정한 방식으로 청소한다. (예: 수도꼭지, 화장실, 주방 기구 등을 지나치게 청소함)	☐
41	오염물질과의 접촉을 미리 막거나 또는 오염물질을 제거하기 위한 다른 수단을 사용한다. (예: 가족들에게 대신 만져달라고 부탁하기, 장갑 끼고 만지기)	☐

확인 강박행동

42	다른 사람에게 해를 입히지 않았는지 확인한다. (예: 내가 알지 못하는 상태에서 누군가에게 상처를 입히지 않았는지를 주변에 확인)	☐

43	나 자신에게 해를 입히지 않았는지 확인한다. (예: 날카롭거나 깨지기 쉬운 물건을 만진 후 다치지 않았는지 확인)	☐
44	끔찍한 일이 일어나지 않았는지 확인한다. (예: 내가 했다고 믿는 끔찍한 일에 대해 신문을 뒤지는 것)	☐
45	실수를 하지 않았다는 것을 확인한다. (예: 집을 나서기 전 문손잡이, 가스레인지, 전기 콘센트를 반복해서 확인)	☐
46	신체적 강박사고와 관련된 내용을 확인한다. (예: 암에 걸리지 않았다는 것을 의사에게 거듭 확인, 거울을 보면서 외모에 이상이 없는지 확인)	☐

반복적인 강박행동

47	읽기, 쓰기를 필요 이상으로 반복한다. (예: 방금 읽은 내용을 이해하지 못했을까봐 걱정함, '완벽한' 단어 또는 문구를 찾음)	☐
48	일상적인 활동을 필요 이상으로 반복한다. (예: 전기 제품을 껐다 켰다 하기, 문 들락날락하기)	☐

숫자세기 강박행동

49	숫자를 세고 또 다시 세게 된다. (예: 바닥 타일, 책꽂이의 책, 벽의 못 등)	☐

정리/배열 강박행동

50	물건을 순서대로 놓은 다음 또 다시 놓고, 정리한 다음 또 다시 정리한다. (예: 책상 위의 서류나 볼펜, 책꽂이의 책을 똑바로 정리하기)	☐

축적/수집 강박행동

51	무언가를 쌓아두거나 수집하는 강박행동이 있다. (예: 오래된 신문 쌓아두기, 쓰레기통이나 길거리에서 쓸모없는 물건 주워오기)	☐

기타 강박행동

52	확인, 숫자세기 이외에 머릿속으로 하는 강박행동이 있다. (예: 기도, 나쁜 생각 대신에 좋은 생각 하기)	☐
53	무언가를 말하거나, 질문하거나, 고백하고 싶다. (예: 자신이 저지르지도 않은 잘못된 행동 고백하기, 기분 좋아지기 위하여 특정 말을 하기)	☐
54	무언가를 만지거나, 두드리거나, 문지르고 싶다. (예: 가족들이 병에 걸리는 것을 막기 위하여 전화기와 같은 물건을 만져야 한다고 믿음)	☐
55	나 자신이나 다른 사람에게 일어날 수 있는 위험이나 끔찍한 결과를 막기 위해, 확인 말고 사용하는 또 다른 방법이 있다. (예: 날카로운 물체로부터 멀리 떨어져 있기)	☐
56	식사할 때 일정한 방식이 있다. (예: 음식을 특정한 순서로 배열하거나 나만의 엄격한 방식으로 먹기)	☐
57	미신적인 행동을 한다. (예: 불행한 숫자가 들어간 버스에는 타지 않기)	☐
58	머리카락을 자꾸 뽑는다. (예: 발모광)	☐

<강박사고 평가>

<강박증상 목록>에서 체크하신 강박사고를 살펴보시고, 다음 다섯 문항에 답해 주십시오. 오늘을 포함한 지난 7일 동안을 기준으로 하여, 자신을 가장 잘 나타낸 다고 생각되는 문장을 하나 선택해 주세요.

1. 얼마나 많은 시간 동안 강박사고에 빠져 있습니까?

   강박사고는 얼마나 자주 떠오릅니까?

0 전혀 없다. ─ 여기에 체크하신다면 2, 3, 4, 5번 문항에도 0에 체크하시고 6번 문항으로 가십시오.

1 하루에 1시간 미만, 혹은 이따금씩 강박사고가 침투한다. 하루에 8번 넘게 강박사고가 떠오르지는 않는다.

2 하루에 1시간에서 3시간까지, 혹은 빈번하게 강박사고가 침투한다. 하루에 8번 넘게 강박사고가 떠오르지만, 대부분의 시간은 강박사고로부터 자유롭다.

3 하루에 3시간 넘게 8시간까지, 혹은 아주 빈번하게 강박사고가 침투한다. 하루에 8번 넘게, 대부분의 시간 동안 강박사고가 떠오른다.

4 하루에 8시간 넘게, 혹은 거의 지속적으로 강박사고가 침투한다. 강박사고가 셀 수 없이 많이 떠오르며, 강박사고가 생각나지 않고 보내는 시간이 거의 없다.

2. 강박사고가 당신의 사회적, 직업적 기능을 얼마나 방해합니까? 강박사고 때문에 할 수 없는 일들이 있습니까? (만약 당신이 현재 직업을 가지고 있지 않다면 강박사고가 당신의 일상적인 활동을 얼마나 방해하는지 생각해 보십시오.)

0 전혀 방해받지 않는다.

1 약간: 사회적, 직업적 활동에서 경미한 방해가 있지만, 전반적인 수행은 손상되지 않는다.

2 중간: 사회적, 직업적 활동에서 명백한 방해가 있지만, 아직은 감당할 만하다.

3 심한: 사회적, 직업적 활동에서 매우 큰 손상이 야기된다.

4 극심한: 아무 것도 할 수 없는 무능력한 상태이다.

3. 강박사고로 인해 얼마나 고통스럽습니까?

0 전혀 고통스럽지 않다.

1 약간: 가끔씩 있는 그리 괴롭지 않은 고통이다.

2 중간: 빈번하고 괴로운 정도의 고통이지만 아직은 감당할 만하다.

3 심한: 아주 빈번하고 매우 괴로운 고통이다.

4 극심한: 거의 지속적이며 아무 것도 할 수 없을 정도의 고통이다.

4. 강박사고에 저항하기 위해 얼마나 많은 노력을 기울입니까? 강박사고가 마음속에 떠오를 때, 이를 무시하거나 주의를 돌리기 위해 얼마나 자주 노력합니까? (이 문항은 당신이 강박사고를 통제하는 데 얼마나 성공적이었나를 보려고 하는 것이 아닙니다. 단지 당신이 얼마나 많이, 얼마나 자주 강박사고에 저항하기 위해 노력하는지에 관심이 있습니다.)

0 나는 항상 강박사고에 저항하려고 노력한다. 혹은 강박사고가 아주 미미하여 적극적으로 저항할 필요성을 느끼지 않는다.

1 나는 대부분의 시간(하루의 절반 이상) 동안 강박사고에 저항하려고 노력한다.

2 나는 강박사고에 저항하려고 어느 정도의 노력을 한다.

3 나는 강박사고를 통제하려고 하지 않고, 어쩔 수 없이 강박사고가 떠오르도록 내버려둔다.

4 나는 완전히, 기꺼이 모든 강박사고가 떠오르도록 내버려둔다.

5. 강박사고를 얼마나 통제할 수 있습니까? 얼마나 잘 강박사고를 멈추거나 주의를 돌릴 수 있습니까? (만약 당신이 강박사고에 저항하려는 노력을 한 적이 거의 없다 할지라도, 이 문항에 답하기 위해 흔치는 않지만 당신이 강박사고를 멈추려고 노력했던 경우를 생각해 보십시오.)

0 완전히 통제한다.

1 상당한 통제: 약간의 노력과 집중력을 기울여 보통 강박사고를 멈추거나 주의를 돌릴 수 있다.

2 중간 정도의 통제: 때때로 강박사고를 멈추거나 주의를 돌릴 수 있다.

3 약간의 통제: 강박사고를 멈추는 경우는 거의 없고, 어렵게 어렵게 주의

를 돌리는 정도만 가능하다.

4 통제 불가: 잠깐이라도 강박사고를 무시할 수 있는 경우가 거의 없다.

<강박행동 평가>

<강박증상 목록>에서 체크하신 강박행동을 살펴보시고, 다음 다섯 문항에 답해 주십시오. 오늘을 포함한 지난 7일 동안을 기준으로 하여, 자신을 가장 잘 나타낸 다고 생각되는 문장을 하나 선택해 주세요.

6. 강박행동에 얼마나 많은 시간이 소비됩니까? 강박행동을 얼마 나 자주 합니까? (만약 당신의 강박행동이 일상적인 활동과 관 련이 있다면, 강박행동으로 인해 일상적인 활동을 완수하는 데 얼마나 많은 시간이 지체되는지를 생각해 보십시오.)

0 전혀 없다. - 여기에 체크하신다면 7, 8, 9, 10번 문항에도 0에 체크하십 시오.

1 하루에 1시간 미만, 혹은 이따금씩 강박행동을 한다. 하루에 8번 넘게 강 박행동을 하지는 않는다.

2 하루에 1시간에서 3시간까지, 혹은 빈번하게 강박행동을 한다. 하루에 8 번 넘게 강박행동을 하지만 대부분의 시간은 강박행동으로부터 자유롭다.

3 하루에 3시간 넘게 8시간까지, 혹은 아주 빈번하게 강박행동을 한다. 하 루에 8번 넘게 대부분의 시간 동안 강박행동을 한다.

4 하루에 8시간 넘게, 혹은 거의 지속적으로 강박행동을 한다. 강박행동이

셀 수 없이 많고, 강박행동을 하지 않고 보내는 시간이 거의 없다.

7. 강박행동이 당신의 사회적, 직업적 기능을 얼마나 방해합니까?
강박행동 때문에 할 수 없는 일들이 있습니까? (만약 당신이 현
재 직업을 가지고 있지 않다면, 강박행동이 당신의 일상적인 활
동을 얼마나 방해하는지 생각해 보십시오.)

0 전혀 방해 받지 않는다.

1 약간: 사회적, 직업적 활동에서 경미한 방해가 있지만, 전반적인 수행은
손상되지 않는다.

2 중간: 사회적, 직업적 활동에서 명백한 방해가 있지만, 아직은 감당할 만
하다.

3 심한: 사회적, 직업적 활동에서 매우 큰 손상이 야기된다.

4 극심한: 아무 것도 할 수 없는 무능력한 상태이다.

8. 만약 강박행동을 못하게 한다면 어떻게 느껴질까요? 얼마나 불
안할 것 같습니까?

0 전혀 불안하지 않다.

1 강박행동을 못하게 한다면 단지 조금만 불안하다.

2 강박행동을 못하게 한다면 불안이 증가하겠지만 감당할 수 있다.

3 강박행동이 방해 받으면 불안이 현저하게 증가하여 상당히 괴롭다.

4 강박행동을 감소시키려는 목적의 어떠한 개입에도, 아무 것도 할 수 없을 정도의 극도의 불안이 올라온다.

9. 강박행동에 저항하기 위해 얼마나 많은 노력을 기울입니까? 강박행동을 멈추려고 얼마나 자주 노력합니까? (이 문항은 당신이 강박행동을 통제하는 데 얼마나 성공적이었나를 보려고 하는 것이 아닙니다. 단지 당신이 얼마나 많이, 얼마나 자주 강박행동에 저항하기 위해 노력하는지에 관심이 있습니다.)

0 나는 항상 강박행동에 저항하려고 노력한다. 혹은 강박행동이 아주 미미하여 적극적으로 저항할 필요성을 느끼지 않는다.

1 나는 대부분의 시간 동안 (하루의 절반 이상) 강박행동에 저항하려고 노력한다.

2 나는 강박행동에 저항하려고 어느 정도의 노력을 한다.

3 나는 강박행동을 통제하려고 하지 않고, 어쩔 수 없이 강박행동을 하도록 내버려둔다.

4 나는 완전히, 기꺼이 모든 강박행동을 하도록 내버려둔다.

10. 강박행동을 얼마나 통제할 수 있었습니까? 얼마나 잘 강박행동을 멈출 수 있습니까? (만약 당신이 강박행동에 저항하려는 노력을 한 적이 거의 없다 할지라도, 이 문항에 답하기 위해 흔치는 않지만 당신이 강박행동을 멈추려고 노력했던 경우를 생각해 보십시오.)

0 완전히 통제한다.

1 상당한 통제: 약간의 노력과 의지력을 기울여 보통 강박행동을 멈출 수 있다.

2 중간 정도의 통제: 때때로 어렵게 어렵게 강박행동을 멈출 수 있다.

3 약간의 통제: 강박행동을 단지 지연시킬 수만 있을 뿐 결국에는 강박행동을 다 해야만 한다.

4 통제 불가: 잠깐이라도 강박행동을 지연시킬 수 있는 경우가 거의 없다.

총점 (문항 1~10의 점수 합) _____

> 15 이하: 약한 정도의 강박증상
> 15–25: 중간정도의 강박증상
> 25 이상: 심한 정도의 강박증상

뇌도 휴식이 필요하다

하루가 멀다 하고 일어나는 충격적인 사건, 사고의 홍수 속에 우리는 살고 있다. 이런 외부의 자극을 처리하고자 뇌는 끊임없이 활동하고 있다. 휴식 없이 돌아가는 기계가 오래 가지 못하고 망가지듯이, 쉬지 못하는 뇌는 결국 탈진해 버릴 것이다.

인위적인 자극이 많지 않는 조용한 산사에서 지내다 보면 몸과 마음이 편안해진다. 이는 외부의 자극이 적기 때문에 뇌가 자극을 처리하는 시간을 줄여주어 휴식을 취할 수 있기 때문이다. 우리 뇌는 휴식이 필요하다. 외부 자극을 처리하는 과정이 없이 오롯이 자신만을 위해 활동하는 시간이 필요하다.

1992년 위스콘신 대학 학생이었던 비스왈은 기능자기공명영상(fMRI) 연구를 하는 중 쉬는 동안에도 뇌는 정보를 활발히 교환하고 활동적이라는 사실을 발견하였다. 뇌는 외부의 자극에 의해 어떤 작업을 수행할 때 활성화된다고 알려져 있었는데, 쉬는 동안에도 뇌는 무언가 활동을 하고 있다는 것을 알게 되었다.

이후 워싱턴 대학 신경과학자 라이클 교수팀은 쉬는 동안에도 뇌의 특정 신경망이 서로 정보를 교환하면서 활발히 활동하고 있다는 사실을 발견하였는데, 그것이 유명한 '디폴트 모드 네트워크(default mode network)'이다. 마치 컴퓨터가 아무런 작업을 하지 않더라도 전원을 완전히 차단하여 꺼지지 않는 한, 내부에서 기본적인 작동을 하고 있는 것과 비슷하다.

뇌도 겉으로는 작동을 하지 않는 것처럼 보이지만, 사실 서로 관련되는 신경세포들끼리 정보를 교환하면서 활발히 활동하고 있는 것이다. 내측전전두엽, 후대상피질, 해마, 모이랑 등의 부위가 여기에 해당된다. 이 부위들은 외부의 자극이 오면 오히려 활동이 줄어 든다.

휴지기에 뇌의 디폴트 모드 네트워크가 활발히 활동하는 것이 어떤 의미가 있는지 정확히 알려져 있지 않다. 외부의 자극이 없는 상태에서 아무런 작업을 하지 않을 때 활성화되는 신경망이기에 주로 백일몽, 자기 자신이나 다른 사람과 관련된 기억회상, 미래에 대한 계획, 정서와 관련된 정보를 처리하는 것과 관련이 있다고 한다.

업무를 볼 때나 일을 할 때에는 그 당시에 순간적인 정보를 처리하는 뇌 부위가 활성화되지만, 아무것도 하지 않고 쉬고 있을 때는 자신과 관련된 과거를 정리하고 미래를 기획하는 뇌 부위가 활성화되기 때문에 창의력이 증가한다는 주장도 있다. 휴식 없이 항상 자극에 노출되어 뇌가 그 자극을 처리하는 데 시간을 보내게 되면 정작 중요한 정서적인 정보, 자기 자신에 대한 기억들의 정리, 미래에 대한 생각 등을 뇌가 하지 못한다.

우울증, 치매, 자폐증, 강박증, 파킨슨병 등의 질환에서 휴지기 뇌 기능에 이상이 있다고 알려져 있다. 뇌가 쉬고 있는 상태에서 정상적인 활동을 하지 못하면, 외부의 자극이 있을 때도 적절히 정보를 처리할 수 없다. 이런 비정상적인 뇌기능으로 인해 병적인 증상들이 나타나게 된다.

현대인은 잠깐 쉬는 동안에도 스마트폰을 하거나 무언가를 한다. 하지만 아무런 일도 하지 않고, 아무런 계획도 없이 그냥 빈둥빈둥 거리거나 멍하게 있는 시간이 필요하다. 이런 시간 동안에 뇌는 스스로 자신의 과거를 정리하고 미래를 기획하며, 사람들과 관계와 자아를 강화할 힘을 키운다. 멍때리기가 필요한 이유다. 무언가를 이루기 위해 열심히 과제를 수행하는 것도 중요하지만, 현대를 살고 있는 우리에게 정작 필요한 것은 뇌가 스스로 휴식을 취하며 정리할 수 있는 시간을 주는 것이다.

참고 문헌

권준수·신민섭, 『쉽게 따라하는 강박증 인지행동치료』, 학지사, 2015.

권준수, 『정신질환의 진단 및 통계 편람』, 하지사, 2015.

권준수, 『강박증의 통합적 이해』, 학지사, 2009.

Sabine Wilhelm, 『강박증의 인지치료』, 신민섭·설순호·권준수 역, 시그마프레스, 2008.

Gregory Berns, 『만족』, 권준수 역, 북섬, 2006.

Jeffrey A. Lieberman, 『정신분열병: A to Z』, 권준수 역, 군자출판사, 2003.

Hyman, B. M. and C. Pedrick (1999). *The OCD workbook: your guide to breaking free from obsessive-compulsive disorder.* Oakland, CA, New Harbinger Publications: Distributed in the U.S.A. by Publishers Group West.

Seol, S. H., J. S. Kwon and M. S. Shin (2013). Korean self-report version of the yale-brown obsessive-compulsive scal: factor structure, reliability, and validity. *Psychiatry Investing, 10*(1): 17−25.

Wolpe, J. and A. A. Lazarus (1966). *Behavior theraphy techniques: a guide to the treatment of neuroses.* Oxford, New York, Pergamon Press.